O.W. BARTH ✦

Thich Nhat Hanh

achtsam arbeiten
achtsam leben

Der buddhistische Weg
zu einem erfüllten Tag

Aus dem Englischen
von Ursula Richard

O.W. BARTH

Die amerikanische Originalausgabe erschien 2012
unter dem Titel »Work« bei Parallax Press.

Besuchen Sie uns im Internet:
www.ow-barth.de

Redaktion: Martina Darga
Umschlaggestaltung: ZERO Werbeagentur, München
Umschlagabbildung: FinePic®, München
Satz: Adobe InDesign im Verlag
Druck und Bindung: CPI books GmbH, Leck
ISBN 978-3-426-29222-8

2 4 5 3 1

Inhalt

1

Die Kunst des achtsamen Lebens und Arbeitens

Wie wir unser Leben gestalten und unseren Lebenserwerb verdienen, das ist für unsere Freude und unser Glück entscheidend. Fast die Hälfte unseres Lebens verbringen wir mit Arbeit, doch wie tun wir dies? Die Arbeit, der wir nachgehen, ist Ausdruck unseres ganzen Seins. Unsere Arbeit kann ein wundervolles Mittel für uns sein, um unsere tiefsten Sehnsüchte und Wünsche auszudrücken, sie kann die Quelle von Frieden, Freude, Transformation und Heilung sein und uns sehr nähren. Doch kann sie uns umgekehrt auch viel Leid bereiten. Was wir mit unserem Leben anstellen und ob wir achtsam sind oder nicht, entscheidet darüber, wie viel Frieden und Freude wir erfahren. Sind wir in jedem Moment aufmerksam, sind wir achtsam in allem, was wir tun, dann hilft unsere Arbeit uns bei der Verwirklichung unseres Ideals, in Harmonie mit anderen zu leben und Verstehen und Mitgefühl zu entwickeln.

Heutzutage ist es nicht einfach, eine gute Stelle zu finden. Unser Wohlbefinden hängt aber letztlich weniger von einem regelmäßigen Einkommen ab als davon, ob wir in unserem Beruf Freude und Glück erleben und kultivieren können, ohne dabei anderen Menschen, Tieren, Pflanzen und der Erde zu schaden. Idealerweise ist unsere Arbeit für die Erde und alle Lebewesen von Nutzen. Doch ganz gleich, in welchem Bereich Sie arbeiten, Sie können überall sehr viel dazu beitragen, anderen zu helfen und ein positives Arbeitsumfeld zu schaffen, einen Ort, an dem Sie in Freude und Harmonie, ohne Stress und Anspannung tätig sind. Die Übungen des achtsamen

Atmens, achtsamen Sitzens, achtsamen Essens und achtsamen Gehens können alle zu einer positiven und weitgehend stressfreien Arbeitsatmosphäre beitragen. Wenn wir die Kunst des Innehaltens erlernen und wissen, wie wir Spannungen lösen, wie wir liebevoll sprechen und tief zuhören, und wenn wir diese Praktiken mit anderen teilen, dann hat das eine große Wirkung auf die Kultur unseres Unternehmens und trägt dazu bei, dass wir uns bei der Arbeit wohl fühlen. Wissen wir, wie wir mit den eigenen starken Emotionen umgehen, wie wir am Arbeitsplatz für gute Beziehungen sorgen, verbessert das unser Miteinander und unseren Austausch, es mindert den Stress, und unsere Arbeit gefällt uns mehr. Das ist nicht nur für uns selbst förderlich, sondern auch für unsere Kolleginnen und Kollegen, für unsere Freundinnen und Freunde, unsere Angehörigen und die ganze Gesellschaft.

Die Energie der Achtsamkeit

Achtsamkeit bedeutet, dem, was im gegenwärtigen Moment geschieht, die volle Aufmerksamkeit zu schenken. Wir bringen unseren Geist zurück zum Körper und kehren heim zum gegenwärtigen Moment. Wir beginnen dabei mit der Achtsamkeit für unseren Atem, für unser Einatmen und unser Ausatmen. Achtsamkeit ist die Art Energie, die uns hilft, vollkommen präsent zu sein, das Leben im Hier und Jetzt zu leben. Jeder von uns kann die Energie der Achtsamkeit entwickeln. Wenn Sie ein- und ausatmen und mit Ihrer Aufmerksamkeit ganz bei der ein- und ausströmenden Luft sind, dann ist das achtsames Atmen. Wenn Sie ein Glas Wasser oder eine Tasse Tee trinken und mit Ihrer Aufmerksamkeit vollständig beim Akt des Trinkens sind und nicht währenddessen an etwas anderes denken, so ist das achtsames Trinken. Wenn Sie sich beim Gehen auf Ihren Körper, Ihr Atmen, Ihre Füße und Ihre Schritte konzentrieren, ist das achtsames Gehen.

Bringen wir unsere Aufmerksamkeit als Erstes zu unserem Atem, vereinen wir damit Körper und Geist und kommen vollständig im gegenwärtigen Moment an. Wir sind dann bewusster für alles, was im gegenwärtigen Moment geschieht, und sehen es mit einem frischen Blick, ohne in Kummer über Vergangenes oder Sorgen über Zukünftiges gefangen zu sein. Zukunft ist nur eine Vorstellung, nur ein Begriff. Die Zukunft besteht nur aus einer einzigen Substanz: dem gegenwärtigen Moment. Kümmern Sie sich gut um die Gegenwart, besteht kein Grund, sich um die Zukunft zu sorgen. Das Einzige, was Sie tun können, um eine gute Zukunft sicherzustellen, ist, gut auf die Gegenwart achtzugeben. Wir sollten so im gegenwärtigen Moment leben, dass Frieden und Freude im Hier und Jetzt möglich sind, dass Liebe und Verstehen möglich sind. Das ist das Beste, was wir für die Zukunft tun können.

Jedes ganz alltägliche Tun kann in eine achtsame Handlung verwandelt werden: Zähne putzen, Geschirr spülen, gehen, essen, trinken oder arbeiten. Achtsamkeit bezieht sich aber nicht nur auf Positives. Ist Freude da, üben wir uns in der Achtsamkeit auf die Freude. Wenn Wut und Ärger da sind, üben wir uns in der Achtsamkeit auf Wut und Ärger. Welch starke Emotion auch immer in uns aufsteigen mag: Wenn wir lernen, ihr achtsam zu begegnen, wenn wir sie in ihrer Existenz anerkennen, sie weder unterdrücken noch ausagieren, dann geschieht Transformation und wir finden zu mehr Freude, Frieden und Gewahrsein.

Vielleicht meinen Sie, gar keine Zeit für Achtsamkeitspraxis zu haben, da Ihr Arbeitstag zu voll ist und Sie zu beschäftigt sind. Vielleicht glauben Sie, dass Sie nur dann achtsam sein können, wenn Sie Freizeit haben, im Urlaub sind oder draußen in der Natur. Doch wir können überall und immer Achtsamkeit üben – zu Hause, an der Arbeitsstelle, auch während eines sehr vollen Arbeitstages. Wir müssen uns dafür keine besonderen Zeiten reservieren. Nur einige bewusste Atemzüge sind nötig, um die Energie der Achtsamkeit hervor- und uns in den gegenwärtigen Moment zurückzubringen.

Auf diese Weise können wir den ganzen Tag lang praktizieren und daraus direkten Nutzen ziehen. Ob wir im Bus sitzen, Auto fahren, duschen, Frühstück bereiten – wir sollten es genießen, all das zu tun, und nicht denken: »Ich habe keine Zeit dafür.« Denn das stimmt nicht, wir haben genug Zeit! Es ist sehr wichtig, das zu verstehen. Wenn Sie sich in Achtsamkeit üben und auf diese Weise Frieden und Freude schaffen, werden Sie zu einem Werkzeug des Friedens, Sie schenken sich und anderen Frieden und Freude.

Wenn wir zum gegenwärtigen Moment zurückkehren und all unsere Gedanken über die Vergangenheit oder die Zukunft loslassen, so halten wir inne. Wir halten inne, um präsent zu sein für uns und die uns umgebende Welt. Lernen wir innezuhalten, beginnen wir zu sehen, und wenn wir sehen, verstehen wir. Auf diese Weise entstehen Verstehen, Mitgefühl, Frieden und Glück. Die

Kunst des Innehaltens ist sehr wichtig, und wir sollten sie erlernen. Dann sind wir bei unserer Arbeit, im Zusammensein mit unseren Freundinnen und Freunden, mit unseren Angehörigen vollkommen gegenwärtig. Versäumen wir innezuhalten und entgeht uns deshalb, was gegenwärtig geschieht, werden keine Freude, kein Gewahrsein, kein Mitgefühl entstehen.

Ich kenne einen Mann, der die Zeit zwischen seinen Geschäftsterminen für achtsames Gehen nutzt. Während er im Zentrum von Denver von einem Bürogebäude zum anderen geht, ist er sich seines Einatmens und seines Ausatmens bewusst. Passanten lächeln ihm häufig zu, denn er wirkt inmitten all der geschäftigen Leute so ruhig. Er hat die Erfahrung gemacht, dass seine Besprechungen viel angenehmer geworden sind, seit er mit dieser Praxis begonnen hat, selbst wenn er sich mit schwierigen Geschäftspartnern trifft.

Unser privates und unser berufliches Leben sind verbunden

Die Art, wie wir uns zur Arbeit bereitmachen und wie wir uns an unserem Arbeitsplatz verhalten, hat nicht nur Auswirkungen auf die Menschen, mit denen wir zusammenarbeiten, sondern auch auf die Qualität unserer Arbeit. Und alles, was wir in unserem Leben noch so tun, beeinflusst unsere Arbeit. Ich selbst bin zum Beispiel Dichter, doch ich arbeite auch sehr gern im Garten und ziehe Gemüse. Ein amerikanischer Wissenschaftler sagte einmal zu mir: »Vergeuden Sie doch nicht Ihre Zeit mit Gartenarbeit. Sie sollten stattdessen mehr Gedichte schreiben, jeder kann Salat ziehen.« Aber so denke ich nicht. Ich weiß sehr wohl, dass ich keine Gedichte schreiben kann, während ich im Garten arbeite. Beides steht aber in Beziehung zueinander. Achtsam zu frühstücken, das Geschirr abzuwaschen und den Salat zu ziehen – das ist ganz entscheidend dafür, dass ich auch Gedichte schreiben kann. Die Art, wie jemand Geschirr spült, sagt etwas über die Qualität seiner oder ihrer Gedichte. Je mehr Bewusstheit und Achtsamkeit wir all unseren Alltagshandlungen entgegenbringen, desto besser wird auch die Qualität unserer Arbeit sein.

Unser privates Leben existiert nicht getrennt von unserem Arbeitsleben. Sind wir nicht in der Lage, mit unserer vollen Aufmerksamkeit bei dem zu sein, was wir tagtäglich tun, so hat das seinen persönlichen privaten wie beruflichen Preis. Um zu verstehen, wie wir uns in unserem Berufsalltag verhalten, müssen wir auch unser privates Umfeld näher betrachten.

Achtsamkeitspraxis verhilft uns selbst und unserer Familie zu einem gesunden Immunsystem. Wenn ein Virus in den Körper eindringt, wird der Körper dieser Invasion gewahr und produziert Antikörper, um dem Eindringling zu widerstehen. Das Immunsystem ist eine Art Schutzbevollmächtigter. Haben wir nicht genügend Antikörper für den Kampf gegen das Virus, produziert das Immunsystem schnell mehr, um mit der Invasion fertig zu werden und sich selbst zu erhalten. Das Immunsystem ist also eine Art Wiederspiegelung des körperlichen achtsamen Gewahrseins. Je mehr Achtsamkeit wir produzieren, umso besser können wir uns schützen und auf uns achtgeben.

Genauso ist eine Familie ein lebendiger Organismus, der sich selbst heilen und behüten kann. Stellen Sie sich vor, dass es Ihrer kleinen Tochter nicht gutgeht. Wenn sie das Gefühl hat, zu wenig Aufmerksamkeit zu bekommen oder dass ihr niemand zuhört, wird sie versuchen, allein mit ihren Problemen fertig zu werden. Doch oft wissen Kinder nicht, wie sie mit ihrem Leid am besten umgehen können, und versuchen vielleicht, es zu ignorieren, zuzudecken, oder sie verbergen es hinter ungesunden Verhaltensweisen. Unbewältigtes Leid kann sich auf die ganze Familie auswirken. Ist ein Kind nicht glücklich, werden Eltern oder Geschwister auch nicht glücklich sein. Schenken wir dem Leid unseres Kindes unsere ganze Aufmerksamkeit, nehmen wir es zur Kenntnis und wenden wir uns ihm zu, wird das dem Kind helfen, seine Probleme zu lösen und den Schmerz zu heilen, und davon wird die ganze Familie profitieren.

Achten wir bewusster auf das Leid, dem wir bei uns zu Hause begegnen, und finden wir Möglichkeiten und Wege, es zu lindern, wird uns das auch zu mehr Verständnis und einem besseren Umgang mit schwierigen Situationen an unserem Arbeitsplatz verhelfen, besonders wenn wir in einem sehr stressigen Beruf tätig sind. Wir müssen wissen, wie wir mit unseren eigenen Problemen, unserem Leid umgehen können, damit wir auch anderen verständnisvoller begegnen. Unser berufliches Umfeld ist ebenfalls ein lebendiger Organismus. Wenn wir Stress von zu Hause mit an unseren Arbeitsplatz bringen, wird dieser Stress wie eine ansteckende Krankheit wirken. Ähnlich ist es, wenn wir Achtsamkeit von zu Hause mit an unseren Arbeitsplatz bringen: Unsere achtsame Präsenz wird unser berufliches Umfeld zu einem gesünderen und glücklicheren Ort für alle machen.

Wir sollten uns selbst einmal fragen, ob wir überhaupt wissen, wie wir ein Gefühl der Freude schaffen können, ob wir wissen, wie wir uns entspannen und unser Mittagessen genießen können. Ob wir erst einmal bewusst atmen, bevor wir den Telefonhörer abnehmen oder in eine schwierige Besprechung gehen. Diese Fragen sind sehr praxisbezogen und sie sind sehr wichtig. Die Art, wie wir uns anziehen, unsere Zähne putzen oder morgens unser Frühstück einnehmen, ist gleichermaßen bedeutsam. Wenn wir bei all diesen kleinen Alltagsaktivitäten achtsam sind, werden wir erkennen, wie wir unseren Tag genießen, Spannungen am Arbeitsplatz auflösen und den Stress reduzieren können. Die Praxis der Achtsamkeit verhilft uns zu mehr Bewusstheit und Freude in unserem Leben einschließlich unseres beruflichen Alltags.

2

Den Tag beginnen

Aufwachen

Das Erste, was wir am Morgen nach unserem Aufwachen tun können, ist uns bewusst zu machen, welches Geschenk das Leben uns bietet – das Geschenk von vierundzwanzig ganz neuen Stunden. Wir werden uns bewusst, dass wir nun wach sind, dass wir atmen, dass es da draußen die Sonne und den Himmel gibt und dass wir lebendig sind. Für all das können wir dankbar sein und uns sagen:

Ich bin erwacht und sehe den blauen Himmel.
Meine Hände lege ich dankbar zusammen.

Wir empfinden Dankbarkeit für das, was wir alles haben, und sind gewahr, dass wir im gegenwärtigen Moment mehr als genug Bedingungen vorfinden, um glücklich zu sein. Das ist sehr wichtig, und diese Art der Bewusstheit ist ein guter Tagesbeginn.

Klarheit über die eigenen
tiefen Wünsche gewinnen

Nach dem Aufstehen sollten Sie sich erst einmal Klarheit darüber verschaffen, wie Sie Ihren Tag gestalten und leben wollen, statt sich nur eilig für die Arbeit fertig zu machen. Nehmen Sie sich einige Augenblicke Zeit, um sich Ihrer Hoffnungen und Absichten für den Tag bewusst zu werden. Das hilft Ihnen, offen zu bleiben für alles, was an diesem Tag geschieht, und sich daran zu erinnern, dass dies ein ganz neuer, junger Tag ist, ein neuer Beginn und dass Sie es in der Hand haben, den Tag achtsam und mitfühlend zu leben.

Wir sollten in uns hineinschauen, um unsere tiefsten Wünsche und Bestrebungen zu erkennen. Sie sind eine Quelle, die uns nährt, die uns den Brennstoff und die Energie zum Leben gibt. Ist es unser tiefstes Bestreben, mehr Freude in die Welt zu bringen, das Leiden anderer zu vermindern helfen, sie zu unterstützen, ihr Leiden zu transformieren, um mehr Frieden im Leben zu erfahren, dann ist das eine heilsame Nahrung, durch die uns viel Energie zugeführt wird. Liegt unser größtes Begehr darin, uns zu rächen, zu töten oder zu zerstören, ist das ein Gift, was sehr viel Leid bei uns und anderen verursacht.

Sie können Ihr Bestreben, Ihre Sehnsucht mit einer Morgen-Gatha in Worte fassen. Eine Gatha ist ein kleines Gedicht, das wir rezitieren, während wir unseren Atem achtsam wahrnehmen. Dadurch vertieft sich unser Gewahrsein. Der folgende Vers unterstützt und stärkt Ihren Entschluss, achtsam durch den Tag zu gehen.

Ich wache heute Morgen auf und lächle.
Vierundzwanzig neue Stunden liegen vor mir.
Ich gelobe, jeden Augenblick ganz bewusst zu leben
und alle Wesen mit den Augen des Mitgefühls zu
betrachten.

Wir haben vierundzwanzig brandneue Stunden vor uns.
Das Leben tritt zur Tür herein. Diese vierundzwanzig
Stunden können wir ganz bewusst, ganz achtsam, ganz
gewahr leben. Ein neuer Tag ist ein sehr großes, kostbares Geschenk des Lebens an uns. Ich gelobe, achtsam
durch diesen Tag zu gehen. Ich will ihn nicht vergeuden.
Ich will ihn nicht ruinieren. Ich will wissen, wie ich ihn
gut nutzen kann, ob zu Hause oder am Arbeitsplatz. Un-
abhängig davon, wo ich bin oder was ich tue, werde ich
wissen, wie ich ihn nutzen kann, und dafür setze ich all
meine Weisheit und meine Begabungen ein.

Gathas zu rezitieren ist eine hilfreiche Möglichkeit,
im gegenwärtigen Moment zu verweilen und uns dem,
was wir gerade tun, bewusster zu werden. Konzentrieren wir unseren Geist auf eine Gatha, kehren wir zu
uns selbst zurück und werden bewusster für das, was
wir tun.

Als Übungen der Meditation und der Dichtkunst sind
Gathas zentraler Teil der Zen-Tradition. Haben Sie sich
eine Gatha einmal eingeprägt, wird sie Ihnen ganz von
selbst wieder einfallen, wenn Sie mit der entsprechenden
Aktivität befasst sind. Sie können die Gathas auch aufschreiben, eventuell ausdrucken und Sie dort platzieren,
wo sie Ihnen beim morgendlichen Aufwachen oder auch
ansonsten während des Tages leicht ins Auge fallen.

Oder Sie haben die Gathas jeweils auf einem kleinen
Stück Papier stets bei sich, so dass Sie sie jederzeit lesen

können. Zum Teetrinken am frühen Morgen passt der folgende Vers.

> *Ich sitze friedvoll und lächle.*
> *Ein neuer Tag beginnt.*
> *Ich gelobe, tief und achtsam zu leben.*

Sich anziehen

Das Anziehen gibt uns eine weitere Gelegenheit, uns achtsam auf den vor uns liegenden Tag vorzubereiten und uns damit anders zu verhalten, als wir vielleicht üblicherweise einen vollgepackten Arbeitstag angehen. Oft wissen wir beim Anziehen gar nicht, was wir tun. Wir sind auf Autopilot geschaltet. Als Mönchsnovize habe ich die folgende Gatha beim Anlegen meiner Robe jedes Mal rezitiert und es half mir, meiner Handlungen mehr gewahr zu sein.

> *Ich lege meine Mönchsrobe an*
> *und mein Herz ist ruhig und in Frieden.*
> *Ich lebe ein Leben in Freiheit*
> *und bringe Freude in die Welt.*

Sie können die Zeit des Ankleidens auch als Möglichkeit nutzen, sich an Ihre guten Vorsätze und Absichten für den Tag zu erinnern – und dabei eine Gatha rezitieren. Ich habe folgende Version der obigen Gatha verfasst, die nicht nur zu Mönchsroben, sondern zu jeder Art Kleidung passt.

Während ich diese Kleidung anziehe,
bin ich denen dankbar, die sie hergestellt haben,
wie auch den Materialien, aus denen sie gefertigt
wurden.
Ich wünsche, dass alle Menschen genug zum Anziehen
haben.

Auch wenn Sie kein Mönch oder keine Nonne sind und keine Roben tragen, gefällt Ihnen vielleicht die Vorstellung, dass Ihre Kleidung Bodhisattva-Roben sind. Ein Bodhisattva ist ein erwachtes oder erleuchtetes Wesen. Ein Bodhisattva ist jemand, der glücklich, friedvoll, erwacht, voller Verstehen und Liebe ist. Jedes Lebewesen mit solchen Qualitäten kann als Bodhisattva angesehen werden. Wir können unser morgendliches Ritual des Ankleidens dafür nutzen, uns an unser Bestreben zu erinnern, jeden Moment unseres täglichen Lebens wie ein Bodhisattva zu leben: friedvoll, liebevoll, dankbar, verständnisvoll, in Gewahrsein und Freiheit.

Zähne putzen

Wie viel Zeit verbringen Sie mit Zähneputzen? Eine Minute oder vielleicht zwei? Diese zwei Minuten haben Sie, um Ihre Zähne so zu putzen, dass dadurch Freiheit und Freude möglich werden, ohne gedanklich schon damit beschäftigt zu sein, was Sie danach tun werden. Schenken Sie dem Zähneputzen Ihre volle Aufmerksamkeit. Sie könnten innerlich sagen: »Ich stehe hier und putze meine Zähne. Ich habe Zahnpasta und eine Zahnbürste. Ich bin glücklich, denn ich verfüge noch über Zähne, die ich putzen kann. Meine Praxis besteht darin, lebendig zu sein, frei zu sein und mich am Zähneputzen zu erfreuen.« Lassen Sie nicht zu, dass Sie gedanklich in der Vergangenheit steckenbleiben oder sich von Sorgen über die Zukunft davontragen lassen. Hetzen Sie nicht. Genießen Sie es, sich die Zähne zu putzen. Es ist eine Praxis, die Ihnen hilft, innere Freiheit zu gewinnen.

Beim Zähneputzen möchten Sie vielleicht die folgende Gatha rezitieren und sich so an Ihren Wunsch erinnern, liebevoll zu sprechen und sich während des Tages um einen guten Austausch mit anderen zu bemühen.

Während ich meine Zähne putze und den Mund ausspüle,
gelobe ich, liebevoll und klar zu sprechen.
Mein Mund, wohlriechend durch rechte Rede,
lässt eine Blume im Garten meines Herzens erblühen.

Frühstücken

Viele Menschen sind morgens in Eile und finden keine Zeit zum Frühstücken. Sie nehmen sich etwas mit, um es auf dem Weg zur Arbeit zu essen, im Auto, in der Bahn oder am Schreibtisch, wenn sie im Büro angekommen sind. Doch ist Frühstücken mehr, als dem Körper Nahrung zuzuführen – es ist eine Gelegenheit, das Essen zu genießen und Dankbarkeit und Bewusstheit zu kultivieren. Wenn Sie sich zu Hause Zeit für die Zubereitung eines Frühstücks nehmen, wird auch diese Zeit zu einer Zeit der Praxis. Sie tun all das, was Sie normalerweise tun, doch Sie atmen dabei achtsam ein und aus, folgen Ihrem Atem und spüren das Ein- und Ausströmen des Atems. Dadurch wird die Küche zu einer Meditationshalle.

Essen Sie Ihr Frühstück, auch wenn es nur ein ganz kleines Frühstück ist, auf eine Weise, die Freiheit möglich macht. Achtsam können Sie jeden Bissen mit Freude und in Freiheit kauen. Denken Sie dabei nicht an das, was Sie als Nächstes tun werden, oder an den Berg Arbeit, den Sie heute zu bewältigen haben. Ihre Praxis besteht darin, in dem Moment nur für das Frühstück da zu sein. Ihr Frühstück ist da für Sie; Sie aber müssen auch für Ihr Frühstück da sein. So werden Sie das, was vor Ihnen ist, wirklich erleben. Da ist Ihre Bewusstheit für Sie selbst und für die Tatsache, dass Sie lebendig sind. Da ist Ihr Frühstück, ein Geschenk von Himmel und Erde. Da sind vielleicht auch Ihr Partner, Ihre Partnerin oder Ihre Familie, die mit Ihnen zusammen das Frühstück genießt.

Wenn ich ein Stück Brot in Händen halte, schaue ich es gern an und lächle ihm zu. Das Stück Brot ist ein Botschafter des Kosmos und bietet Nahrung und Unterstützung. Betrachte ich es eingehend, sehe ich den Sonnenschein, die Wolken und Mutter Erde. Ohne den Sonnenschein, ohne Wasser, ohne Erdboden könnte kein Getreide wachsen. Ohne die Unterstützung von Mutter Erde könnte gar nichts wachsen. Darum ist auch das Stück Brot in meinen Händen ein wahres Wunder des Lebens. Und es ist da für uns, doch wir müssen ebenfalls für das Brot da sein. Essen Sie es voller Dankbarkeit.

Nehmen Sie ein Stück Brot in den Mund und kauen Sie nur das Brot, nicht Ihre Projekte, Sorgen, Ängste oder Ihren Ärger. Das ist Achtsamkeitspraxis. Sie kauen achtsam und Sie wissen, dass Sie das Brot kauen, diese wundervolle Nahrung des Lebens. Das bringt Ihnen Freiheit und Freude. Verspeisen Sie auf diese Weise jeden Bissen Ihres Frühstücks und achten Sie darauf, bei der unmittelbaren Erfahrung des Essvorgangs zu bleiben.

In Plum Village, dem Meditations- und Praxiszentrum im Südwesten Frankreichs, in dem ich lebe, nehmen wir uns, bevor wir zu essen beginnen, einen Moment Zeit, um unser Essen genau zu betrachten. Selbst wenn wir nur wenig Zeit haben, genießen wir das Essen mehr, wenn wir es zunächst einmal genau anschauen. Wir verwenden dabei die folgenden Fünf Betrachtungen. Vielleicht möchten Sie sie ebenfalls nutzen; dann bewahren Sie sie am besten in der Nähe Ihres Esstisches auf.

Die Fünf Betrachtungen

Diese Nahrung ist ein Geschenk des gesamten Universums, der Erde, des Himmels, einer Vielzahl von Lebewesen und viel harter, liebevoller Arbeit.

Mögen wir in Achtsamkeit und Dankbarkeit essen und uns damit als würdig erweisen, diese Nahrung zu empfangen.

Mögen wir unsere unheilsamen Geisteszustände erkennen und transformieren, insbesondere unsere Gier, und lernen maßvoll zu essen.

Mögen wir unser Mitgefühl beim Essen lebendig halten, so dass wir das Leiden aller Wesen vermindern, unsere Erde schützen und den Prozess der globalen Erwärmung umkehren.

Wir nehmen dieses Essen an, so dass wir unsere Schwesterlichkeit und Brüderlichkeit stärken, unsere Sangha aufbauen und unser Ideal nähren, allen Menschen zu helfen.

Das Haus verlassen

Auf dem Weg morgens zur Arbeit haben Sie die wundervolle Gelegenheit, sich die ganze Welt, die Sie umgibt, ins Bewusstsein zu rufen. Sie öffnen die Tür und gehen in die frische Luft hinaus. Hier ist Ihre Chance, mit der Erde in Berührung zu sein, mit der Luft und dem Himmel. Ihr allererster Schritt aus der Tür kann schon ein Schritt in die Freiheit sein. Sie müssen keine Meditationshalle aufsuchen, um zu meditieren. Jeder Schritt auf der Erde kann eine Meditation sein und uns Glück, Frieden und Freiheit schenken.

Das gilt auch für unser Atmen. Wissen wir, wie wir achtsam atmen, des Ein- und Ausatmens gewahr, wird uns jeder Atemzug glücklich machen. Menschen, die unter Asthma leiden oder Atemprobleme haben, sind sich dessen bewusst, welch kostbares Geschenk es ist, leicht und unangestrengt ein- und auszuatmen. Genießen Sie jeden Atemzug. Vergeuden Sie keinen Moment. Jeder

Atemzug lässt Sie glücklich sein und bringt Ihnen Freiheit. Wenn wir auf diese Weise gehen und atmen, fühlen wir uns nicht in unserer täglichen Routine gefangen oder bei unserer Arbeit nicht wie in einer Falle. Vielmehr erleben wir uns als frei und sind dankbar für unser Leben.

Die Jataka-Erzählungen, eine der ältesten Sammlungen buddhistischer Literatur, berichten uns über die früheren Leben des Buddha. In diesen Geschichten erscheint der Buddha in unterschiedlichsten Manifestationen, manchmal als Hirsch, als Affe, als Fels oder auch als ein Mangobaum. In jeder dieser Manifestationen, ob als Tier, Pflanze oder Mineral, lässt sich ein Bodhisattva, ein Wesen von großem Mitgefühl, erkennen. Wenn wir aus dem Haus gehen und draußen unsere ersten Schritte machen, können wir die Natur um uns herum sehen und spüren, selbst wenn sie hinter oder unter Beton verborgen ist, und wir können erkennen, dass auch die Natur ein Bodhisattva ist. Wenn wir einen Baum eingehend betrachten, sehen wir, dass der Baum uns seine Schönheit darbietet und er das Leben nährt und bewahrt. Seine Blätter helfen, die Luft sauber zu halten, die wir einatmen, und seine Krone bietet vielen Vögeln eine sichere Zuflucht. Uns umgeben so viele Bodhisattvas – unser Planet Erde ist ein Bodhisattva. Er trägt uns. Er ist sehr geduldig und unterscheidet nicht. Was immer wir auf die Erde schütten, sie nimmt es an und umfasst es ohne Unterscheidung. Ob duftende Blumen, wohlriechendes Parfum oder Urin, Exkremente oder andere unreine Substanzen – die Erde wird all diese Materialien aufnehmen und verwandeln. Sie verfügt über eine sehr große Fähigkeit zur Geduld und sie erträgt eine Menge. Sie bietet uns so vieles, das uns nährt und das Leben unterstützt. Sie gibt uns Wasser; sie gibt uns die Luft zum Atmen und

Nahrung zum Essen. Sie ist ein wahrer Bodhisattva. Jedes Mal, wenn wir aus dem Haus gehen, und sei es nur zu unserem Auto, um zur Arbeit zu fahren, sollten wir uns Zeit lassen, wahrzunehmen, was der große Erde-Bodhisattva für uns tut.

Bei der Arbeitsstelle ankommen

Vielleicht schaffen Sie es ja noch, den frühen Morgen entspannt, achtsam und auf angenehme Weise zu verbringen, doch sobald Sie sich auf den Weg zur Arbeit machen, ist all das vergessen! Besonders leicht kann das geschehen, wenn Sie mit dem Auto im Berufsverkehr unterwegs sind. Fahren Sie dagegen mit dem Zug oder Bus, gibt Ihnen die Fahrt die wundervolle Gelegenheit, einfach dazusitzen und auf Ihr Ein- und Ausatmen zu achten. Schließen Sie doch einmal die Augen oder senken Sie Ihren Blick, das unterstützt Ihre Ausrichtung auf den Atem.

Fahren Sie mit dem Auto zur Arbeit, sollten Sie sich beim Einsteigen einen Moment Zeit nehmen, bevor Sie den Schlüssel ins Zündschloss stecken, und sich an Ihren Vorsatz erinnern, beim Fahren ruhig, entspannt und achtsam zu sein und nicht gestresst oder in Eile.

Bevor ich den Wagen anlasse,
weiß ich, wohin ich fahre.
Der Wagen und ich sind eins.
Wenn das Auto schnell ist, bin auch ich schnell.

Solch eine Bewusstheit lässt uns die ganze Fahrt genießen. Nutzen Sie jede rote Ampel, jedes Stoppschild als Gelegenheit zum achtsamen Atmen und zur Rückkehr in den gegenwärtigen Moment. Vielleicht betrachten Sie eine rote Ampel gewöhnlich als eine Feindin, die Sie daran hindert, Ihren Arbeitsplatz rechtzeitig zu erreichen. Doch tatsächlich ist sie Ihre Freundin, die Ihnen dabei hilft, Ihrem Drang zur Eile zu widerstehen, und die Sie zurück ins Hier und Jetzt ruft.

Das nächste Mal, wenn Sie im Verkehrsstau stehen, ob auf der Autobahn oder mitten in der Stadt, verzichten Sie einmal darauf, dagegen anzukämpfen. Akzeptieren Sie es einfach. Es ist vollkommen sinnlos, dagegen anzugehen. Lehnen Sie sich zurück und lächeln Sie sich zu, in dem Wissen, dass Sie lebendig sind und der gegenwärtige Moment der einzige Moment Ihres Lebens ist, der Ihnen jetzt zur Verfügung steht. Vergeuden Sie ihn nicht. Seien Sie sich darüber im Klaren, dass dieser Moment das Potenzial birgt, ein wundervoller Moment zu sein.

Sind Sie unterwegs, ohne über Ihr Ziel nachzudenken oder über das, was Sie nach Ihrer Ankunft tun werden, können Sie jeden Moment des Fahrens genießen. Bevor ich zu lehren beginne, mache ich mir keine Sorgen darüber, welche Fragen die Leute mir wohl stellen werden und wie ich sie beantworten könnte. Stattdessen genieße ich jeden meiner Schritte und jeden Atemzug auf dem Weg von meinem Raum zu dem Platz, an dem ich lehre. Ich lebe jeden Moment ganz bewusst. Wenn ich ankomme, fühle ich mich erfrischt und bin bereit, alle nur erdenklichen Fragen zu beantworten.

Praktizieren Sie Achtsamkeit zu Hause, wenn Sie sich für die Arbeit fertig machen, oder beim Unterwegssein, so werden Sie ganz anders an Ihrer Arbeitsstelle ankommen als in der Vergangenheit – glücklicher und entspannter. Sie sehen vielleicht auch Ihre Arbeit sowie Ihre Mitarbeiterinnen und Kollegen auf neue Weise und entdecken unerwartete Quellen der Zufriedenheit und Freude.

3

Achtsamkeit bei der Arbeit

Üblicherweise machen wir einen Unterschied zwischen »Arbeitszeit« und »Freizeit«. Doch mindert ein solches Denken unsere Freude und unseren Erfolg bei der Arbeit. Wir können so arbeiten, dass wir die Wahlmöglichkeiten erkennen in dem, was wir tun und wie wir es tun. Wir können arbeiten und dabei Gelegenheiten zur Freude finden; wir verharren nicht in unserer Gewohnheit, uns unter Druck und Stress zu setzen und darunter zu leiden. Zur Achtsamkeitspraxis gehört es, das Arbeiten, Tippen, Planen, Organisieren, die Besprechungen, den Umgang mit Klienten oder auch jede andere Aktivität während eines »Arbeitstages« zu genießen. Freude und Freiheit werden möglich, wenn wir alles, was wir tun, aus ganzem Herzen und mit all unserer Aufmerksamkeit tun.

Wir verbringen sehr viel Zeit bei der Arbeit und sollten von daher sicherstellen, dass wir uns an ihr erfreuen. Jede Tätigkeit kann angenehm sein, wenn wir sie im richtigen Geist tun: mit Achtsamkeit, mit Bewusstheit und mit dem Ziel, anderen Lebewesen zu helfen. Ob wir in einer Fabrik arbeiten, in einem Restaurant oder einem Büro, ob wir in einem helfenden Beruf tätig sind oder nicht, wir können uns an unserer Arbeit erfreuen, wenn wir dabei Achtsamkeit praktizieren. Dann wird die Arbeit uns und anderen großen Nutzen bringen.

Wir haben die Neigung, immer etwas in Eile zu sein, um das, was wir tun, schnell hinter uns zu bringen. Das ist uns zur Gewohnheit geworden. Durch achtsames Atmen wird uns diese Gewohnheit bewusst. Achtsamkeit lässt uns innehalten und verhindert so, dass wir uns von der Gewohnheit zu hetzen und uns zu beeilen davontragen lassen. Wenn wir wissen, wie wir jeden Moment unseres täglichen Lebens bewusst leben, werden wir nicht mehr zu Opfern von Stress. Während wir frühstücken, das Geschirr abwaschen, zur Arbeit gehen, genießen wir genau das, was wir gerade tun.

Unsere Arbeitszeit wird uns Freude bringen, wenn wir sie in rechter Weise nutzen. Es gibt einen Weg, sich nicht unter Druck zu fühlen und die Arbeit wirklich zu genießen: In Plum Village tun wir eine Menge Dinge. Wir heißen das ganze Jahr über Gäste willkommen, bieten in Frankreich und vielen weiteren Ländern der Welt zahlreiche Retreats an. Wie andere Unternehmen auch wollen wir mit dem, was wir tun, erfolgreich sein. Doch wir haben gelernt, wie wir arbeiten können, ohne zum Opfer von Druck und Stress zu werden. Wir genießen das Gärtnern, Putzen, Kochen und Abwaschen – wir betrachten diese Tätigkeiten als genauso wichtig wie andere Arbeiten auch. Wir sind mit ganzem Herzen und all unserer Aufmerksamkeit bei dem, was wir tun, und wir tun es so, dass in jedem Moment Freiheit, Freude, Brüderlichkeit und Schwesterlichkeit möglich sind.

Achtsames Atmen

Achtsames Atmen beinhaltet, sich des Einatmens und Ausatmens bewusst zu sein und dem Aus- und Einströmen des Atems zu folgen. So entstehen Frieden und Harmonie in uns. Wir profitieren von dieser Energie des Friedens und der Harmonie, die unseren Körper durchdringt. Ob wir nun liegen, sitzen oder stehen: Durch das achtsame Atmen werden Stress, Zwietracht und Anspannung in Körper und Geist reduziert.

Wir alle sehnen uns danach, Zeit dafür zu haben, einfach dazusitzen und die Stille zu genießen, die daraus erwächst, einmal nichts zu tun. Doch wären wir wirklich imstande, still zu sitzen und die Ruhe zu genießen, wenn wir die Zeit dafür hätten? Viele von uns kennen dieses Problem. Wir beklagen uns darüber, keine Zeit und Muße zu haben, um uns am puren Dasein zu erfreuen. Andererseits haben wir uns schon so daran gewöhnt, immer geschäftig zu sein, dass wir nicht in der Lage sind, uns wirklich auszuruhen und mal nichts zu tun. Erleben wir dann einen dieser seltenen ruhigen Augenblicke am Schreibtisch, greifen wir schnell zum Telefonhörer oder surfen im Internet. Wir sind Workaholics und müssen ständig etwas zu tun haben.

Nehmen Sie sich doch einmal einen Moment Zeit, um sich da hinzusetzen, wo Sie gerade sind, und genießen Sie es, nichts zu tun. Um achtsam zu atmen, brauchen Sie aber nicht unbedingt zu sitzen. Vielleicht müssen Sie vor dem Kopierer im Büro anstehen, weil jemand vor Ihnen ist, oder Sie wollen mit einer Kollegin sprechen und müssen etwas warten. Vielleicht warten Sie auch auf den Kaffee oder Tee nach dem Mittagessen. Überall können Sie achtsam atmen und sich dabei an der Gegenwart Ihrer Mitmenschen und an sich selbst erfreuen. Beim Einatmen richten Sie Ihre volle Aufmerksamkeit auf das Einatmen. Sie werden zu Ihrem Einatmen. Sind Sie mit der Aufmerksamkeit vollkommen beim Einatmen, werden Sie und Ihr Einatmen eins. Glauben Sie nicht, dies wäre schwierig oder ermüdend. Einatmen kann etwas sehr Schönes sein. Beim Einatmen können Sie die Tatsache wertschätzen, dass Sie lebendig sind. Der Atem ist die Essenz des Lebens; ohne den Atem wären Sie nur ein toter Körper. Wenn Sie durch das Atmen Ihrer Vitalität gewahr werden, kann das mit großer Freude einhergehen. Sind Sie mit dieser Praxis vertraut, ist dieses Gewahrsein bei jedem Atemzug da. Sie brauchen den Atem nicht zu forcieren. Atmen Sie ganz natürlich und lassen Sie den Atem einfach, wie er ist, sei er nun kurz oder lang, tief oder flach. Nehmen Sie ihn nur wahr. Beim Atmen können Sie sich sagen:

Einatmend bin ich mir meines Einatmens bewusst.
Ausatmend bin ich mir meines Ausatmens bewusst.

Greifen Sie nicht ins Atemgeschehen ein. Spüren Sie es nur bewusst und folgen Sie der gesamten Länge des Einatems und des Ausatems. In dieser Zeit, in der Ihre Aufmerksamkeit beim Ein- und Ausatem weilt, hört Ihr Denken ganz von selbst auf. Die Ausrichtung auf den Atem kann Ihnen dabei helfen, sich nicht mehr über vergangene Probleme oder die unsichere Zukunft zu sorgen. Sind Sie ständig mit Ihren Gedanken beschäftigt, ermüdet Sie das und Sie können nicht wirklich präsent sein. Denken Sie über Ihre Projekte nicht nach – Sie lösen Ihre Probleme nicht durch Nachdenken. Unsere Praxis ist Nicht-Denken. Das ist das Geheimnis des Erfolgs. Versuchen Sie nicht, mit Ihrem Verstand Lösungen zu finden. Legen Sie nur einen Samen in die Erde und lassen Sie ihn wachsen. Die Lösung wird Ihnen einfallen, wenn der Samen zur Reife gelangt ist. Arbeitsfreie Zeit kann sehr produktiv sein, wenn Sie wissen, wie Sie sich auf den gegenwärtigen Moment ausrichten. Dann werden Sie auch nicht mehr zum Opfer von Unruhe, Stress oder Depressionen.

Ihren Gedankenstrom können Sie ganz einfach anhalten, wenn Sie Ihre Aufmerksamkeit vollkommen auf das Einatmen und Ausatmen lenken. Nach nur wenigen Atemzügen fühlen Sie sich freier und die Anspannungen in Körper und Geist lösen sich.

Sich auf diese Weise dem Atmen vollkommen bewusst zu sein, das ist Achtsamkeitspraxis. Sie ermöglicht uns, genau zu erkennen, was hier und jetzt ist, und lässt uns mit den Wundern des Lebens in Berührung kommen. Dann werden wir den schwierigen Situationen in unserer Arbeit mit wachsender Stärke und Klarheit begegnen.

Raum zum Atmen

Es kann hilfreich sein, am Arbeitsplatz einen speziellen Bereich zu haben, der Sie daran erinnert, achtsam zu atmen. Richten Sie sich einen schönen, ruhigen und entspannenden Ort in einer Ecke Ihres Büros dafür her oder räumen Sie an Ihrem Schreibtisch eine Stelle für eine kleine Glocke oder eine Blume frei. Betrachten Sie die Glocke oder Blume achtsam atmend immer wieder einmal. Haben Sie Kolleginnen und Kollegen, die ebenfalls an dieser achtsamen Atempraxis interessiert sind, finden Sie vielleicht gemeinsam einen Raum für achtsame Arbeitsunterbrechungen. Oder Sie schaffen in einem der

Büros einen ruhigen, angenehmen, entspannenden Platz, an dem Sie sich gemeinsam daran erfreuen können, sich achtsam auf den Atem auszurichten.

Eine Glocke der Achtsamkeit

Vielleicht kaufen Sie sich eine kleine Glocke im japanischen Stil und nehmen sie mit an Ihren Arbeitsplatz. Sie können sie in der Tasche lassen oder auf Ihren Schreibtisch stellen und sie, wann immer Sie eine Atempause brauchen, einladen »aufzuwachen«. Dazu schlagen Sie mit dem Schlegel leicht den Rand an. Atmen Sie dabei langsam ein und aus und laden Sie dann die Glocke zu einem vollen Klang ein. Atmen Sie weiter in friedvoller Weise, während Sie sich an diesem schönen Klang erfreuen. Der Klang der Glocke erinnert uns daran, zu uns selbst, zu unserem Atem heimzukehren und das Leben in diesem Moment tief zu berühren. Darum wird eine solche Glocke »Glocke der Achtsamkeit« genannt, denn ihr Klang bringt uns sofort zu uns selbst zurück und vereint mit Hilfe des bewussten Atmens Körper und Geist. Das ist sehr heilsam. Ist die Atmosphäre an Ihrer Arbeitsstelle eher unruhig und nicht so angenehm, können Sie die Glocke einsetzen, um sich auf sich selbst zu besinnen und ruhig und achtsam einige Minuten lang ein- und auszuatmen. Danach werden Sie sich sehr viel besser fühlen, und die Atmosphäre wird sich gewandelt haben.

In Plum Village haben viele Nonnen und Mönche ihren Computer so programmiert, dass alle fünfzehn Minuten eine Achtsamkeitsglocke ertönt und sie daran erinnert, die Arbeit zu unterbrechen und zu sich selbst und zum Körper zurückzukehren und das Atmen zu genießen.

Dreimal ein- und auszuatmen reicht meist vollkommen, um die Anspannungen in Körper und Geist zu lösen. In diesen Momenten wird der Körper zum einzigen Objekt des Geistes. Sie hören auf zu denken und sich um die Vergangenheit oder Zukunft zu sorgen. Das macht Sie frei. Es bedarf nur weniger Atemzüge, und Freiheit wird möglich.

Im Alltag kann alles zu Ihrer Glocke der Achtsamkeit werden – das Klingeln des Telefons, eine Digitaluhr, die jede volle oder halbe Stunde erklingt, eine Uhr mit einem Schlagwerk, Kirchenglocken, das Geräusch des Aufzugs, wenn er an Ihrer Etage ankommt, ein Stoppzeichen, eine rote Ampel. Sie können all diese »Glocken« als Möglichkeiten nutzen, Ihren Gedankenstrom zu unterbrechen, sich wieder Ihrem Atem und Ihrem Körper zuzuwenden und einige friedvolle, entspannte Augenblicke im gegenwärtigen Moment zu genießen.

Sitzen

Viele von uns verbringen bei der Arbeit die meiste Zeit sitzend. Doch wie sieht es mit der Qualität unseres Sitzens aus? Genießen wir es? Wir könnten einmal in der Stunde unsere Arbeit unterbrechen und, statt zu sitzen, um unsere Arbeit zu tun, um des Sitzens willen sitzen.

Wir sitzen, nur um uns am Sitzen und Atmen zu erfreuen, aus keinem anderen Grund. Dafür brauchen wir gar nicht viel zu verändern, und keiner unserer Kollegen wird bemerken, was wir tun.

Als Novize lebte ich in Vietnam in dem Tempel Hai Duc. Einmal beobachtete ich, wie ein alter Zen-Meister allein dasaß, nicht in der Meditationshalle, sondern auf einem traditionellen niedrigen Sitz. Wir hatten in diesem Tempel keine Tische oder Stühle, nur niedrige Holzstücke, auf denen wir saßen. Der Meister saß sehr aufrecht – und es war ein so schöner Anblick. Das Bild hat mich seither immer begleitet. Er saß so aufrecht, so friedvoll und natürlich. Ich betrachtete ihn damals und spürte in meinem tiefsten Inneren die Sehnsucht, ebenfalls so zu sitzen – ohne Anstrengung, ohne einen offenkundigen Grund. Das, so wusste ich, würde mich glücklich machen, und ich würde sonst nichts tun müssen. Ich würde nichts sagen müssen, sondern einfach nur sitzen.

Sitzen um des Sitzens willen

Wie können wir nun in dieser Weise sitzen? Und worin liegt der Sinn eines solchen Sitzens? Dieser Mönch saß aus keinem anderen Grund als dem, zu sitzen und das Sitzen zu genießen. Wenn Sie Kinder fragen, warum sie Schokolade essen, werden die meisten antworten, dass sie einfach gern Schokolade essen; sie werden gar keine rationale Erklärung dafür abgeben können. Halten wir uns an einem wunderschönen Ort in der Natur auf, kann es uns genauso gehen. Fragt mich jemand, warum ich genau an diesem Fleck stehe, was sollte ich da sagen? Normalerweise habe ich dafür keinen besonderen Grund; ich stehe einfach dort, um dort zu stehen. Ich genieße es, an diesem schönen Ort zu stehen. Darin liegt kein tieferer Sinn, ebenso wenig wie im Schokoladeessen. Wir stehen an einem Ort oder wir essen Schokolade, weil uns das gefällt.

Das nächste Mal also, wenn Sie an Ihrem Arbeitsplatz sitzen, sollten Sie eine Pause machen und so sitzen wie ein Buddha. Sitzen Sie mit aufrechtem Rücken, aber nicht verkrampft. Lassen Sie die Luft frei in Ihren Körper strömen und spüren Sie das Ausdehnen und Zusammenziehen der Bauchdecke. Ist Ihre Wirbelsäule aufgerichtet und spüren Sie, dass Sie gerade sitzen, entspannen Sie den ganzen Körper wieder. Sie müssen gar kein Vollzeit-Buddha werden. Sie müssen auch gar nicht vollkommen erleuchtet werden. Ein Teilzeit-Buddha ist gut genug. Das Einzige, was Sie brauchen, ist die Freiheit des gegenwärtigen Moments. Sie lassen sich weder von Gedanken an Vergangenheit oder Zukunft hinwegziehen noch von Gefühlen der Wut, Sorge oder Eifersucht. Sie sitzen mit Körper und Geist vollständig da – als ein freier Mensch.

Wir sitzen, um glücklich zu sein. Wir sitzen um der Bewusstheit willen, der Bewusstheit, dass wir hier sind, lebendig, umgeben von einer wundervollen Welt, die auch in uns ist. Sitzen wir auf diese Weise, sind wir mit den Wundern des Lebens innerhalb und außerhalb von uns in Berührung und wir sind glücklich. Auch wenn wir uns in Räumen aufhalten und es taghell ist, wissen wir doch, dass hoch über unseren Köpfen viele Sterne sind. Da gibt es die Milchstraße, unsere Galaxie, ein Band aus Milliarden Sternen. Wir sitzen auf einem Planeten, einem sehr schönen Planeten, der um die Sonne kreist. Werden wir uns beim Sitzen der Wunder unseres Planeten Erde und des Universums bewusst, gibt es nichts, wofür wir sonst noch sitzen müssten. In dieser Weise sitzend, sitzen wir in Gewahrsein. Wir können die ganze Welt umfangen, Vergangenheit und Zukunft. Kommt in diesem Moment ein Arbeitskollege an Ihrem Büro oder Schreibtisch vorbei, was würde er sehen? Er würde einen Menschen sehen, der voller Frieden mit einem Lächeln auf dem Gesicht einfach dasitzt.

Achtsames Gehen

Auch wenn Sie bei Ihrer Arbeit überwiegend sitzen, gibt es doch immer wieder Gelegenheiten zum Gehen, und sei es nur vom Parkplatz zum Büro, von einem Büro zum anderen oder zur Toilette. Gehen Sie achtsam und sind dabei mit Ihren Schritten und Ihrem Atem verbunden, wobei Sie mit Ihrer Aufmerksamkeit bei den Fußsohlen und dem Kontakt zum Boden sind, dann wird Sie jeder Schritt nähren und heilen. Jeder Schritt bringt Ihnen Freude. Diese Freude brauchen Sie, um Ihre Arbeit gut tun zu können. Wie könnten Sie ohne solche »Nahrung« weitermachen? Wenn Sie mit der Kunst des achtsamen Atmens vertraut sind, dann warten Sie immer schon auf Gelegenheiten, mit Leichtigkeit und Bewusstheit gehen zu können, und das wird Ihrem gesamten Arbeitstag zugutekommen.

Wir alle neigen dazu, zu rennen, statt zu gehen. Wir

sind unser ganzes Leben schon gerannt, und wir rennen weiter in die Zukunft, weil wir glauben, dort sei das Glück zu finden. Die Gewohnheit des Abhetzens haben wir von unseren Eltern und Vorfahren übernommen. Haben wir uns diese Gewohnheit einmal ganz bewusst gemacht, können wir dank des achtsamen Atmens unsere Schritte verlangsamen und dieser Gewohnheit zulächelnd sagen: »Hallo, meine liebe, alte Freundin, ich weiß, dass du da bist.« Sie müssen Ihre Neigung schnell zu gehen nicht bekämpfen. Es gibt in dieser Praxis keinen Kampf. Es geht nur darum, etwas klar zu erkennen, es sich bewusst zu machen.

Sind Sie in einem helfenden Beruf tätig – als Ärztin, Krankenpfleger, Therapeutin, Sozialarbeiterin oder Rettungssanitäter –, wo Sie mit vielen kranken und leidenden Menschen umgehen müssen, ist die Praxis der Gehmeditation besonders hilfreich. Achtsames Gehen gibt Ihnen die Stärke und den Geistesfrieden, den Sie für Ihre Arbeit brauchen, denn es bringt Sie mit den Wundern des Lebens in Berührung und befähigt Sie, inneren Frieden und Freude zu entwickeln.

Wir sind es nicht gewöhnt, uns genügend Zeit zum Gehen zu lassen. Müssen wir zu einer Besprechung, eilen wir los, weil wir uns keine Zeit zur Gehmeditation auf dem Weg dorthin nehmen. Stellen Sie sich vor, Sie müssen zum Flughafen. Sie trödeln zu Hause oder im Büro herum und brechen erst in letzter Minute auf. Doch es herrscht Berufsverkehr, Sie müssen sich abhetzen und kommen spät an. Sie können aber auch immer so planen, dass Sie genügend Zeit haben, den Flughafen als freier Mensch zu betreten. Schenken Sie sich eine Stunde und bereiten Sie sich damit die Freude, am Flughafen Gehmeditation zu praktizieren, bevor Sie ins Flugzeug steigen.

Die Übung der Gehmeditation

Es gibt zwei Arten von Gehmeditation. Die erste besteht in einem langsamen Gehen, das gerade für Anfänger sehr hilfreich ist. Sie machen einen Schritt beim Einatmen und den nächsten beim Ausatmen. Spüren Sie mit Ihrer ganzen Aufmerksamkeit, wie Ihre Füße den Boden berühren. Einatmend machen Sie einen Schritt mit Ihrem linken Fuß. Dabei können Sie sagen: »Ich bin angekommen.« Das ist keine theoretische Feststellung, das ist eine ganz konkrete Praxis. Sie müssen wirklich ankommen. »Wo ankommen?«, mögen Sie fragen. Ankommen im Hier und Jetzt. Unseren Lehren und Praktiken zufolge ist uns das Leben nur im Hier und Jetzt zugänglich. Die Vergangenheit ist bereits vorbei. Die Zukunft ist noch nicht da. Es gibt nur einen Augenblick, in dem Sie wirklich lebendig sind, und das ist der gegenwärtige Moment. Ausatmend machen Sie einen Schritt mit dem rechten Fuß und sagen: »Ich bin zu Hause.« Mein wahres Zuhause ist nicht die Vergangenheit, nicht die Zukunft. Mein wahres Zuhause ist das Leben selbst – es befindet sich im Hier und Jetzt. Ich bin in meinem wahren Zuhause angekommen und fühle mich dort wohl und entspannt. Ich muss nirgends mehr hinhetzen.

Ihre Schritte bringen Sie in die Gegenwart zurück und Sie berühren die Wunder des Lebens, die Ihnen im gegenwärtigen Moment zugänglich sind. Sie haben sich mit dem Leben im Hier und Jetzt verabredet; wenn Sie aber den gegenwärtigen Moment verpassen, verpassen Sie auch Ihre Verabredung mit dem Leben. Achtsames Gehen ist ein wundervoller Weg, zu lernen und sich darin zu üben, im Hier und Jetzt zu leben. Haben Sie sich in

Gedanken über die Vergangenheit verloren oder in solche über die Zukunft hineinziehen lassen, dann leben Sie nicht wirklich Ihr Leben. Nur wenn Sie das Leben im gegenwärtigen Moment tief berühren, berühren Sie das wahre Leben und sind wirklich lebendig.

Wenn Sie einatmend sagen »Ich bin angekommen« und spüren, dass Sie tatsächlich angekommen sind, sollen Sie lächeln. Zaubern Sie ein Siegeslächeln auf Ihr Gesicht. Es ist sehr wichtig, anzukommen, denn wenn Sie angekommen sind, hetzen Sie nicht mehr. Sie haben mit dem Rennen aufgehört. Viele von uns laufen noch im Schlaf und kommen nie zur Ruhe. Selbst in unseren Träumen und Alpträumen hetzen wir uns ab. Darum müssen wir uns darin üben, innezuhalten. Innehalten hilft uns, im Hier und Jetzt zu sein und um unserer Transformation und Heilung willen die Wunder des Lebens zu berühren. »Ich bin angekommen, ich bin zu Hause.«

Das ist die erste Art der Gehmeditation. Wir können überall und zu jeder Zeit langsam gehen. Sie können die Gehmeditation ausprobieren, wenn Sie Ihr Büro durchqueren oder auf dem Gang von einem Büro zum anderen, wenn Sie zur Toilette gehen oder beim Spaziergang im Park während der Mittagspause. Glauben Sie nicht, Sie müssten dafür ein Buddhist oder eine Buddhistin sein oder schon alles über Achtsamkeit wissen. Jeder kann achtsam gehen. Sie brauchen nur die Bereitschaft, und schon werden Sie im Hier und Jetzt ankommen. Vermutlich wird es Sie anfangs überraschen, wie Sie sich allmählich überall – selbst an Ihrem Arbeitsplatz – zu Hause fühlen werden.

Bei der zweiten Art der Gehmeditation gehen Sie etwas schneller und sind dabei ebenfalls Ihrer Schritte und Ihres Atems gewahr. Sie haben Kontakt mit der Erde unter Ihren Füßen und mit der Welt, die Sie umgibt. Beim Einatmen machen Sie zwei oder drei Schritte und wiederholen bei jedem Schritt: »Ich bin angekommen, ich bin angekommen, ich bin angekommen.« Auch beim Ausatmen machen Sie zwei oder drei Schritte und sagen dabei: »Ich bin zu Hause, ich bin zu Hause, ich bin zu Hause.«

Ich selbst mache beim Einatmen zwei oder drei Schritte und beim Ausatmen drei oder vier – das ist eine weitere Variante. Ich tue das auf ganz natürliche Weise und andere merken gar nicht unbedingt, dass ich mich der Gehmeditation widme. Ich genieße jeden Schritt. Wenn wir auf diese Weise gehen, durchdringt uns die Energie der Achtsamkeit; sie beruhigt und beschützt uns, so dass wir uns im gegenwärtigen Moment sicher und zufrieden fühlen. Wir können dies auf dem Weg zur Bushaltestelle, zu einer Besprechung oder einer Verabredung tun. Vielleicht nehmen Sie sich auch eine bestimmte Wegstrecke, um langsames Gehen zu praktizieren, und sei es der Weg vom Parkplatz zum Büro.

Am Arbeitsplatz essen

Eine weitere Möglichkeit der Achtsamkeitspraxis stellt das Essen dar. Wir essen bei der Arbeit oft zwischendurch, nur um etwas zu tun zu haben. Wir langweilen uns und wollen einfach etwas in den Mund stecken.

Oder wir fühlen uns gestresst oder sind in Sorge wegen unserer Arbeit und wollen diese unangenehmen Gefühle zudecken, indem wir etwas essen oder trinken, indem wir konsumieren. Spüren Sie dieses drängende Bedürfnis, versuchen Sie einmal, einfach sitzen zu bleiben und achtsam zu atmen, um die Gefühle der Sorge oder Ruhelosigkeit zu besänftigen. Wenn Sie etwas essen, dann seien Sie sich bewusst, was Sie essen und ob es für Körper und Geist nährend ist oder nicht. In vielen Teilen Asiens wird seit alters kein Unterschied zwischen Nahrung und Medizin gemacht – was wir zu uns nehmen, sollte Körper und Geist guttun und unsere Balance und unser Wohlbefinden sicherstellen. Atmen und essen wir richtig, so ist das nahrhaft für unser Blut, unseren Körper und unseren Geist. Doch wenn wir schlechte Sachen zu uns nehmen oder zu viel essen, kann das unseren Körper und Geist krank machen. Wir sollten sorgfältig auswählen, was wir essen, und die Nahrung ausreichend kauen.

Doch selbst wenn Sie sich zur Arbeit etwas Gesundes für zwischendurch mitbringen, können Sie es immer noch in ungesunder Weise zu sich nehmen, indem Sie zum Beispiel mit der einen Hand weiterarbeiten, während Sie in der anderen Ihren Snack halten. Vor vielen Jahren traf ich einen jungen Amerikaner namens Jim, der mich darum bat, ihn Achtsamkeit zu lehren. Bei einem unserer Treffen bot ich ihm eine Mandarine an. Er nahm sie, redete dabei aber weiter über all seine vielen Projekte, die ihn beschäftigten – seine Friedensarbeit, sein soziales Engagement und so fort. Er aß zwar, doch zur selben Zeit dachte und redete er unentwegt. Ich saß neben ihm, während er die Mandarine schälte und sich die Stücke in den Mund schob, sie schnell kaute und runterschluckte.

Schließlich sagte ich zu ihm: »Jim, hör auf!« Er sah mich an, und ich sagte zu ihm: »Iss deine Mandarine.« Er verstand mich. Und so hörte er auf zu reden und begann langsamer und achtsamer zu essen. Er trennte jedes der verbliebenen Mandarinenstücke sorgfältig ab, nahm den fruchtigen Wohlgeruch wahr, tat ein Stück in den Mund und spürte, wie der Saft die Zunge umspülte. Die Mandarine in dieser Weise zu kosten und zu essen dauerte einige Minuten, doch wusste er, dass er genügend Zeit hatte, das Verspeisen der Mandarine zu genießen. Als er die Mandarine schließlich gegessen hatte, erkannte er, dass die Mandarine dadurch zu etwas Wirklichem geworden war, genauso wie er, der Essende, und auch das ganze Leben war in diesem Moment wirklich geworden. Welchen Sinn hat das Essen einer Mandarine? Der Sinn liegt einfach darin, eine Mandarine zu essen. In der Zeit, in der Sie eine Mandarine essen, ist dieser Akt das Wichtigste in Ihrem Leben.

Wenn Sie das nächste Mal an Ihrem Arbeitsplatz eine Zwischenmahlzeit einnehmen wollen, wie zum Beispiel eine Mandarine, legen Sie die Frucht in eine Hand und betrachten Sie sie so, dass sie wirklich wird. Dazu brauchen Sie gar nicht viel Zeit. Beim Betrachten der Mandarine sehen Sie einen wunderschönen Baum, Blüten, Sonnenschein und Regen, und Sie erkennen, wie sich eine kleine Frucht bildet. Sie sehen darin die Kontinuität des Sonnenscheins und des Regens und die Transformation der kleinen Frucht zu der voll ausgebildeten Mandarine in Ihrer Hand. Sie sehen förmlich, wie sich die Farbe von Grün in Orange wandelt – die Mandarine wird süßer. Ihnen wird bewusst, dass die Mandarine den ganzen Kosmos in sich trägt – den Sonnenschein, Regen, Wolken, Bäume, Blätter, alles. Eine Mandarine zu schälen,

Ihren Geruch wahrzunehmen und sie zu essen, kann Sie sehr glücklich machen, wenn Sie es ganz bewusst tun.

Meditation auf der Toilette

Woran auch immer Sie arbeiten, irgendwann kommt vermutlich der Zeitpunkt, zu dem Sie die Toilette aufsuchen müssen. In den Vereinigten Staaten heißt es *restroom*, »Ruheraum«, doch fühlen Sie sich dort wirklich in Ruhe? Im Französischen nennt man diesen Raum *le cabinet d'aisance*. Aisance bedeutet Wohlstand, aber auch Wohlsein. Es ist also ein Ort, an dem Sie sich wohl und behaglich fühlen und Ruhe finden. Suchen Sie also das nächste Mal den »Ruheraum« auf, dann sollten Sie sich dort auch wohl fühlen und die Zeit genießen. Machen Sie sich klar, dass die dort verbrachte Zeit keineswegs unwichtiger ist als andere Zeiten. Die Toilette wird Ihre Meditationshalle. Wenn ich uriniere, dann bin ich vollständig bei diesem Akt. Das ist jetzt meine Übung. Sind Sie innerlich frei, kann das Urinieren etwas sehr Angenehmes sein. Sich hundertprozentig auf diese Aktivität einzulassen, mit Körper und Geist, kann befreiend sein. Und freudvoll. Wenn Sie schon einmal eine Blasenentzündung hatten, wissen Sie, wie schmerzhaft es auch sein kann. Doch normalerweise ist das Urinieren sehr angenehm und beruhigend. Seien Sie während der vielleicht dreißig Sekunden, die es dauert, innerlich ganz frei.

Telefonieren

Jedes Telefongespräch kann zur Achtsamkeitspraxis werden. Wann immer das Telefon klingelt, können Sie das als eine Glocke der Achtsamkeit nutzen, die Sie daran erinnert, innezuhalten in dem, was Sie gerade tun, und zum gegenwärtigen Moment zurückzukehren. Statt schnell zum Hörer zu greifen, atmen Sie zunächst dreimal achtsam ein und aus, um sicherzustellen, dass Sie wirklich da sind für den, der oder die Sie gerade anruft. Sie unterbrechen den Gedankenstrom und kommen in den gegenwärtigen Moment zurück, wobei Sie jedes Gefühl von Stress oder jeden Anflug von Ärger wahrnehmen. Vielleicht legen Sie die Hand auf den Hörer oder das Telefon, während Sie atmen, um so Ihre Kolleginnen und Kollegen wissen zu lassen, dass Sie durchaus beabsichtigen, den Hörer abzunehmen, aber dabei nicht in Eile sind. Das wird auch ihnen helfen, sich nicht als Opfer des Telefons zu fühlen.

Wollen Sie jemanden anrufen, mögen Sie vielleicht vor dem Wählen der Nummer den folgenden Vers rezitieren:

Worte können Tausende von Kilometern zurücklegen.
Mögen meine Worte gegenseitiges Verstehen und Liebe bewirken.
Mögen sie rein sein wie kostbare Edelsteine,
wie Blumen, so schön.

Spannungen lösen

Stress und Anspannung sammeln sich auch in unserem Körper an, doch wir können diese Spannungen lösen und kraft unserer Intelligenz und unseres Mitgefühls dabei mitwirken, Arbeitsbedingungen zu schaffen, unter denen wir und die Menschen in unserer Umgebung mehr Freude und weniger Stress erfahren. Wissen Sie, wie Sie selbst Körperspannungen lösen, wie Sie sich entspannen können, versetzt Sie das in die Lage, Familienangehörigen und Arbeitskolleginnen und Kollegen dabei zu helfen, es Ihnen gleichzutun. Ist Ihnen nicht klar, wie Sie Spannung und Stress in sich auflösen können, wie können Sie da erwarten, dass Ihre Mitmenschen dazu imstande und überdies in der Lage sind, sich gut um Ihre Familie zu kümmern. Ist die Atmosphäre zu Hause aber nicht gut, wie können diese Menschen glücklich und produktiv bei der Arbeit sein? Bei allem, was Sie für sich und für Ihre Familie tun, tragen Sie auch Sorge für die Menschen, mit denen Sie zusammenarbeiten. Ihre Bemühung kommt dem gesamten Arbeitsumfeld zugute. Genießen Sie die Praxis tiefer Entspannung und machen Sie andere damit vertraut, damit auch diese Menschen ihre inneren Anspannungen lösen und mehr Leichtigkeit und Freude sowohl im Beruf als auch in der Familie erleben.

Tiefenentspannung, um Spannungen loszulassen und wieder frisch zu werden, können Sie jeden Tag an Ihrer Arbeitsstelle praktizieren, beispielsweise zwischen Besprechungen oder in der Mittagspause. Sie brauchen dafür nur fünf oder zehn Minuten und geben Ihrem Körper die Gelegenheit, zur Ruhe zu kommen, zu heilen und aufzutanken. Wir entspannen unseren Körper, schenken nacheinander jedem Körperteil unsere volle Aufmerksamkeit und senden jeder Körperzelle unsere Liebe. Unsere Aufmerksamkeit können wir zu jedem Teil des Körpers schicken: zu dem Kopf, dem Schädel, dem Gehirn, den Augen, den Ohren, dem Kiefer, der Lunge, dem Herz, der Leber, den anderen inneren Organen, dem Verdauungssystem und jedem Körperbereich, der Heilung und Aufmerksamkeit bedarf. Wir umarmen jeden Teil und senden ihm mit dem Ein- und Ausatem Liebe und Dankbarkeit.

Sie können die Tiefenentspannung auch gemeinsam mit Ihren Kolleginnen und Kollegen üben – am besten in einem ruhigen Raum. Das hilft allen, sich entspannter und glücklicher zu fühlen.

Tiefenentspannung

Tiefenentspannung ist eine Übung des Loslassens. Wir machen uns nach und nach die Teile unseres Körpers bewusst: unseren Kopf, unsere Gliedmaßen, die Organe oder einzelne Muskelgruppen, und wir entspannen sie bewusst. Mit der Aufmerksamkeit »scannen« wir den ganzen Körper, bis wir vollkommen entspannt sind.

Lockern Sie zu enge Kleidung und legen Sie sich auf den Rücken, wobei Kopf und Wirbelsäule in einer Linie sein sollten; die Arme liegen seitlich am Körper, mit den Handflächen nach oben, die Beine sind ausgestreckt. Die Füße fallen ganz natürlich etwas nach außen. Ein kleines Kissen können Sie zur Unterstützung in den Nacken legen. Vielleicht ist auch ein Kissen, eine Decke oder ein Polster unter Ihren Knien hilfreich, so dass sich der untere Rücken besser strecken und die Wirbelsäule entspannen kann.

Lassen Sie alle geschäftigen Gedanken los und erlauben Sie Körper und Geist für die folgenden zehn Minuten vollkommen auszuruhen. Diese Zeit gehört nur Ihnen. Werden Sie des ein- und ausströmenden Atems gewahr. Spüren Sie die Fersen auf dem Boden. Spannen Sie die Muskeln in den Zehen und Füßen an und lassen Sie sie dann los. Lenken Sie Ihre Aufmerksamkeit zu den Waden, spannen Sie die Muskeln in diesem Bereich an und lassen Sie sie dann los. Gehen Sie so auch bei den Knien, Oberschenkeln, Hüftgelenken und dem Gesäß vor. Entspannen Sie beide Beine vollkommen. Nehmen Sie wahr, wie sie schwerer und schwerer werden und in den Boden sinken. Setzen Sie diesen Prozess des Anspannens und Loslassens fort, während Sie durch den Körper wandern und Ihre Aufmerksamkeit auf die unterschiedlichen Muskelgruppen richten. Am Schluss sind Sie beim Kopf, beim Kiefer und bei den Augen angelangt. Senden Sie Ihre Liebe und Dankbarkeit jedem Teil Ihres Körpers, den Sie mit Ihrer Aufmerksamkeit bedenken, jedem inneren Organ und sogar jeder Zelle.

Vielleicht glauben Sie, Sie müssten erst am Ende eines harten Arbeitstages nach Hause gehen, bevor Sie sich entspannen können, doch die Tiefenentspannung können Sie jederzeit durchführen. Sind Sie den ganzen Tag im Stress und warten Sie nur darauf, abends nach Hause zu gehen, um sich schließlich dort zu entspannen, klappt das vielleicht gar nicht, weil Ihr Körper und Geist viel zu verkrampft sind.

Wenn Sie sich beim Einatmen Ihrem Körper zuwenden, bemerken Sie wahrscheinlich, wie viel Spannung in Ihrem Körper ist, die verhindert, dass Sie gelöst, friedvoll und glücklich sind. Genau diese Erfahrung motiviert Sie, etwas zu tun, damit Ihr Körper weniger leidet. Beim Einatmen und Ausatmen lassen Sie einfach zu, dass sich die Spannung in Ihrem Körper löst. Sie lassen los. Das ist die Praxis der Tiefenentspannung.

Haben Sie nur wenige Minuten Zeit, können Sie die folgenden Verse rezitieren:

Ich atme ein und löse die Anspannung in meinem Körper.
Ich atme aus und lächle.

Ich atme ein und bin mir meiner Augen bewusst.
Ich atme aus und lächle meinen Augen zu.

Auf diese Weise schaffen Sie Achtsamkeitsenergie, umarmen damit Ihre Augen und lächeln ihnen zu. Das ist Achtsamkeit für Ihre Augen. Sie berühren damit eine Bedingung für Ihr Glücklichsein, eine Bedingung, die bereits vorhanden ist. Es ist eine wundervolle Sache, Augen zu haben, die noch in guter Verfassung sind. Ein Paradies von Formen und Farben steht Ihnen jederzeit zur Verfügung. Sie müssen dafür nur die Augen öffnen.

Ich atme ein und bin mir meines Herzens bewusst.
Ich atme aus und lächle meinem Herzen zu.

Wenn Sie mit der Achtsamkeitsenergie Ihr Herz umarmen und ihm zulächeln, erkennen Sie, dass Ihr Herz ganz normal funktioniert, und Sie empfinden Dankbarkeit. Viele Menschen sehnen sich nach einem normal funktionierenden Herzen. Das ist eine Grundbedingung für unser Wohlbefinden, eine weitere Voraussetzung für unser Glücklichsein. Wenn Sie Ihr Herz mit der Achtsamkeitsenergie halten, fühlt es sich warm und behaglich an. Sie haben Ihr Herz lange Zeit missachtet, haben stattdessen nur andere Dinge im Kopf gehabt. Sie sind Dingen hintergelaufen, die Sie für die wahren Bedingungen für Glück hielten, und dabei haben Sie Ihr Herz vergessen.

Sogar Probleme haben Sie Ihrem Herzen beschert, und zwar durch die Art, wie Sie essen, trinken, sich ausruhen und arbeiten. Jedes Mal, wenn Sie sich eine Zigarette anzünden, leidet Ihr Herz. Sie verhalten sich Ihrem Herzen gegenüber unfreundlich, wenn Sie Alkohol trinken. Sie belasten Ihr Herz, wenn Sie viele Stunden einem stressreichen Job nachgehen und nicht genügend Ruhepausen haben. Ihnen ist schon klar, dass Ihr Herz bereits viele Jahre, Tag und Nacht, Ihr Wohlbefinden sicherstellt, doch aufgrund fehlender Achtsamkeit waren Sie bisher nicht sehr freundlich zu Ihrem Herzen. Sie wissen nicht, wie Sie die Bedingungen dafür, dass es Ihnen gutgeht und Sie glücklich sind, erhalten und schützen können. Doch nun sind Sie in der Lage, etwas für Ihr Herz zu tun. Schicken Sie ihm Ihre Liebe, umarmen Sie es und danken Sie ihm, dass es für Sie da ist.

So können Sie auch mit anderen Körperteilen, wie zum Beispiel Ihrer Leber, verfahren. Umarmen Sie Ihre Leber mit Zärtlichkeit, mit Liebe und Mitgefühl. Schaffen Sie durch Ihr achtsames Atmen die nötige Achtsamkeit, um damit Ihre Leber zu umfangen. Richten Sie die Energie der Achtsamkeit auf den Teil Ihres Körpers, den Sie mit Liebe und Zärtlichkeit umarmen. Tun Sie das, was Ihr Körper braucht. Geht es einem Teil Ihres Körpers nicht gut, müssen Sie ihm länger Ihre Achtsamkeit schenken und ihm zulächeln. Vielleicht haben Sie während einer Sitzung nicht die Zeit, jedem Teil Ihres Körpers mit Aufmerksamkeit zu begegnen. Doch ein- oder zweimal am Tag können Sie sich zumindest einen Teil vornehmen, sich auf ihn konzentrieren und ihn entspannen.

In welcher Position Ihr Körper auch immer sein mag, ob Sie liegen, stehen, sitzen oder gehen, Sie können Spannungen jederzeit lösen. Wenn Sie im Bus sitzen, können Sie achtsam atmen und innerlich loslassen. Gehen Sie zu einer Besprechung, lassen Sie bei jedem Schritt Anspannung los. Gehen Sie wie ein freier Mensch. Genießen Sie jeden Ihrer Schritte. Sie sind nicht mehr in Eile. Wenn Sie von der Bushaltestelle oder dem Parkplatz achtsam zu Ihrem Büro gehen, können Sie geistig-körperliche Spannungen bei jedem Schritt lösen, und Sie werden sich, in Ihrem Büro angekommen, erfrischt, leicht und frei fühlen.

Sich am Arbeitsplatz heimisch fühlen

In vielen Arbeitssituationen müssen wir mit anderen zusammenarbeiten, vielleicht in einem Team, im selben Büro oder Arbeitsbereich oder um ein Projekt voranzubringen oder ein bestimmtes Ziel zu erreichen. Doch wird jeder seine eigenen Schwierigkeiten und Probleme zur Arbeit, in das Team oder das Projekt mitbringen. Wenn Sie selbst frisch, glücklich und motiviert zur Arbeit kommen, helfen Sie Ihren Mitarbeiterinnen und Mitarbeitern das Gleiche zu tun. Es geht Ihnen nicht nur um die Qualität der Arbeit, doch auch diese hängt sehr von dem inneren Frieden und dem Wohlbefinden jedes Einzelnen ab. Gehen Sie also als ein Bodhisattva zur Arbeit oder als eine Gruppe von Bodhisattvas. Kultivieren Sie den tiefen Wunsch, anderen zu helfen, ihr Leiden zu transformieren und zu überwinden. Lassen Sie es Ihr Bestreben sein, den Menschen, mit denen Sie zusammenarbeiten, Frieden, Harmonie und Wohlbefinden zu bringen. So schaffen Sie in diesem Bereich Glück und Harmonie.

Manchmal fühlen wir uns in unserem beruflichen Umfeld unsicher; wir fühlen uns nicht akzeptiert oder haben Angst vor Zurückweisung. Wenn wir uns dann in die Natur begeben und dort inmitten von Bäumen und Tieren aller Art Zeit verbringen, scheint es uns, dass sie uns akzeptieren und wir an einem Ort sind, an dem wir angenommen werden. Wir haben keine Angst, abschätzig angeschaut zu werden. Doch in unserem Arbeitsalltag fürchten wir, dass man uns nicht gut findet und kritisiert. Wir trauen uns nicht, wir selbst zu sein. Und so versuchen wir, uns den Erwartungen der anderen entsprechend zu verhalten. Das ist eine Tragödie.

Einer Blume ist solche Angst unbekannt. Sie wächst in einem Garten mit vielen anderen Blumenarten, doch versucht sie nicht, wie irgendeine der anderen Blumen zu sein. Sie akzeptiert sich so, wie sie ist. Wir sollten sie uns zum Vorbild nehmen. Hören Sie auf mit den Versuchen, jemand oder etwas anderes zu sein. Wir sind geboren, wie wir sind, und wir müssen uns nicht in jemand anderen verwandeln. Wir müssen lernen, uns zu akzeptieren, wie wir sind. Der ganze Kosmos ist zusammengekommen und hat daran mitgewirkt, dass wir uns in dieser Weise manifestieren, und wir sind schön, so wie wir sind. Schön sein bedeutet man selbst sein.

Die Insel des Selbst

Als der Buddha achtzig Jahre alt war, wusste er, dass er nicht mehr allzu lange Zeit zu leben hatte, und so zeigte er seinen Schülerinnen und Schülern die Praxis der »Insel des Selbst«. Er erklärte, dass es in jedem von uns eine sichere Insel gebe, zu der wir jederzeit zurückkehren können, wenn wir uns ängstlich, nicht sehr stabil oder sogar verzweifelt fühlen. Kehren wir zu dieser inneren Insel zurück, nehmen wir Zuflucht zu ihr, werden wir uns sicher fühlen. Diese Insel des Selbst ist nur ein Atemzug von uns entfernt. Durch die Praxis des achtsamen Atmens oder achtsamen Gehens können wir immer wieder auf direktem Wege zu unserer Insel zurückkehren.

Bevor ich nach Plum Village zog, lebte ich in einer kleinen Einsiedelei, etwa eine Fahrstunde von Paris entfernt. Eines Morgens verließ ich mein Zuhause für eine Wanderung. Es war ein schöner Morgen, und ich öffnete alle Türen und Fenster. Doch gegen vier am Nachmittag änderte sich das Wetter schlagartig; ein heftiger Wind kam auf, Wolken zogen sich am Himmel zusammen und es begann zu regnen. Ich wusste, dass ich in meine Einsiedelei zurückkehren sollte, und auf meinem Weg praktizierte ich achtsames Gehen. Als ich dort ankam, fand ich die Hütte in einem schrecklichen Zustand vor. Innen war es dunkel, kalt und ungemütlich, es war kein angenehmer Aufenthaltsort mehr. Doch ich wusste genau, was zu tun war.

Als Erstes schloss ich Fenster und Türen. Dann machte ich am Kamin ein Feuer an, entzündete eine Kerosinlampe und sammelte die Papiere, die überall verstreut waren, vom Boden auf. Als alles aufgehoben und wieder an seinem richtigen Platz war, setzte ich mich nah an den Kamin. Nun war die Einsiedelei wieder zu einem wohltuenden, heimeligen Ort geworden. Ich fühlte mich sicher und behaglich.

Diese Geschichte illustriert gut, was wir tun sollten, wenn wir uns niedergeschlagen fühlen oder aufgebracht sind. Wir strampeln uns dann oft ab, doch je mehr wir das tun, desto schlimmer geht es uns. »Heute ist nicht mein Tag«, sagen wir meist. Uns scheint alles, was wir angehen, zu misslingen. Wir versuchen, etwas zu sagen oder zu tun, um die Situation zu verbessern, aber nichts funktioniert. Dann ist es Zeit, zu unserer Einsiedelei heimzukehren und alle Türen und Fenster zu schließen. Kehren Sie mit Hilfe des achtsamen Atmens nach Hause zu sich zurück und nehmen Sie Ihre Gefühle wahr. Es sind vielleicht Gefühle der Wut, Angst, Besorgnis oder Verzweiflung. Welches Gefühl auch immer da sein mag, erkennen Sie es an und umarmen Sie es mit Zärtlichkeit.

Wenn eine Mutter hört, dass ihr kleines Kind weint, unterbricht sie sofort ihre Tätigkeit und wendet sich dem Kind zu. Sie nimmt es auf und wiegt es zärtlich im Arm. Die Energie des Leidens ist in dem Kind gegenwärtig; in der Mutter ist es die Energie der Zärtlichkeit, und diese beginnt nun den Körper des Kindes zu durchdringen. In ähnlicher Weise ist die Angst Ihr kleines Kind. Ihre Wut ist Ihr kleines Kind. Ihre Verzweiflung ist Ihr kleines Kind. Ihr Kind braucht Ihre Gegenwart und Fürsorge. Gehen Sie zu Ihrer Einsiedelei, zur Insel des Selbst zurück und sorgen Sie dort für Ihr Kind.

Die Energie der Achtsamkeit ist die Mutter, mit ihr sollten Sie Ihr Kind halten. Achtsamkeit ist eine Energie, die Sie selbst hervorbringen können. Es ist die Fähigkeit, sich dessen bewusst zu sein, was geschieht. Es ist die Wärme, die Sie dadurch schaffen, dass Sie ein Feuer entfachen. Das Feuer und seine Wärme werden die Kälte und Unwirtlichkeit in Ihrer Hütte verwandeln. Das kleine Kind, das sind Sie, und Sie sollten nicht die starken Emotionen oder negativen Gefühle, die Sie vielleicht verspüren, unterdrücken. Ihre Angst, Ihre Wut – das sind Sie; bekämpfen Sie sie nicht. Kämpfen Sie nicht gegen Angst, Wut oder Verzweiflung an. Mit Achtsamkeit können Sie diese Gefühle umarmen. Wenn Sie achtsam atmen, schafft das die Energie der Achtsamkeit, die Ihre schwierigen Gefühle umfängt und besänftigt, so wie eine Mutter ihr weinendes Kind im Arm hält und beruhigt.

Mit schwierigen Gefühlen im Arbeitsalltag umgehen

Es ist sehr wichtig, dass wir lernen, wie wir im Arbeitsalltag mit unseren starken, heftigen Gefühlen umgehen. Nur dann sind wir imstande, positive Beziehungen zu Kolleginnen und Kollegen aufrechtzuhalten, gut mit ihnen im Gespräch zu bleiben und eine negative oder aggressive Arbeitsatmosphäre zu verhindern. Es gibt Übungen, die uns dabei helfen. Wichtig ist, dass wir diese Praktiken in Zeiten erlernen, in denen es uns gutgeht, noch bevor heftige Gefühle in uns hochkommen.

Die erste Übung besteht darin zu erkennen, dass alle Emotionen unbeständig sind – sie entstehen, bleiben für eine Weile und vergehen wieder. Es ist sehr wichtig, unseren Gedankenstrom zu unterbrechen, wenn ein starkes Gefühl in uns aufkommt, um nicht durch unsere Gedanken noch mehr Öl ins Feuer zu gießen. Wir müssen dies sofort tun und zu unserem Atem zurückkehren sowie tiefe Bauchatmung praktizieren. Das ist die zweite Übung: Entziehen Sie umgehend der Person, dem Gegenstand oder der Situation, die Sie für die Ursache Ihrer Wut oder Enttäuschung halten, Ihre Aufmerksamkeit und wenden Sie sich Ihrem Körper zu und folgen Sie dabei Ihrem Ein- und Ausatem. Folgen Sie ihm einfach nur. Sie müssen den Atem nicht zu verändern suchen, bringen Sie einfach Ihre Konzentration und Ihr Gewahrsein zum Atem. Allein dadurch schon wird Ihr Atem ganz von allein ruhiger, tiefer und sanfter werden. Wirken Sie nicht auf den Atem ein, »machen« Sie ihn nicht langsamer und tiefer – beobachten Sie ihn einfach, lassen Sie ihn sein, wie er ist.

Sind Sie fähig, dem Atem achtsam zu folgen, wird sich nicht nur Ihre Atmung beruhigen, auch Ihr Körper wird ruhiger werden. Mit etwas Übung können Sie Atem, Körper und Geist in dieser Weise harmonisieren.

Gehmeditation und heftige Emotionen

Gehmeditation ist auch eine wundervolle Möglichkeit, mit starken Emotionen wie Wut, Groll oder Enttäuschung umzugehen, die im beruflichen Alltag aufkommen mögen. Üben Sie sich darin, bei Ihrem achtsamen Atmen und Ihren achtsamen Schritten zu bleiben. Dies erfordert, dass Sie die Emotionen anerkennen, statt vor ihnen davonzulaufen oder sie zu unterdrücken. Es gibt eine Möglichkeit, unser Leiden zu transformieren und uns davon zu befreien. Wenn wir aber vor ihm davonlaufen, dann werden wir nicht wirklich frei von ihm, wir ignorieren es nur. Um einen Weg aus dem Leiden heraus zu finden, müssen wir es zunächst einmal akzeptieren und es tief betrachten. Nur dann verstehen wir seine wahre Natur und woher es kommt. Sobald wir damit bei uns selbst begonnen haben, können wir unser Verständnis auf unser berufliches Umfeld ausweiten. Damit helfen wir nicht nur uns selbst, sondern auch den Menschen, mit denen wir zusammenarbeiten. Wenn also in unserem beruflichen Alltag heftige Emotionen wie Wut oder Enttäuschung aufkommen, hören wir am besten sofort mit dem auf, was uns gerade beschäftigt, und kümmern uns um unsere Gefühle. Sagen oder tun Sie nichts, wenn Wut aufkommt. Das ist sehr wichtig. Verlassen Sie wenn möglich sofort die Situation und praktizieren Sie Gehmeditation und achtsames Atmen. Ziehen Sie Ihre Aufmerksamkeit von Ihren Gedanken ab und konzentrieren Sie sich auf Ihre Schritte und Ihren Atem. Sie werden erleben, wie sich Ihre Gefühle allmählich beruhigen.

Arbeiten Sie als Geschäftsführer oder als Abteilungsleiterin, wissen Sie vermutlich aus Erfahrung, dass Sie weder Frieden noch Glück und Harmonie schaffen, wenn Sie aus Wut oder Ärger heraus Vorschriften durchzusetzen versuchen oder Ihre Autorität einsetzen, um Ihre Mitarbeiterinnen und Mitarbeiter zu kontrollieren oder kleinzuhalten. Das Gleiche gilt für alle starken Emotionen, ob es sich dabei um Ihre eigenen oder die von anderen handelt. Wenn Sie Ihre Gefühle zu ignorieren trachten oder sich zwingen wollen, etwas anderes zu denken oder zu fühlen, dann werden Sie damit nicht weit kommen. Gehmeditation ist eine Möglichkeit, sich daran zu erinnern, Gefühle zu akzeptieren, mit dem zu sein, was ist, statt sie zu unterdrücken und vorzugeben, sie wären nicht da.

Der Umgang mit Wut und Ärger

Nehmen Sie einmal an, Sie haben zu einem Ihrer Kollegen oder Mitarbeiter eine schwierige Beziehung. Sie sind ärgerlich auf ihn wegen einer empfundenen Kränkung, einer Beförderung oder weil der andere Ihnen nicht zugehört hat und Sie sich von ihm nicht genügend anerkannt fühlen. Sie schieben ihm vielleicht die ganze Schuld in die Schuhe, glauben, nur Ihnen ginge es schlecht, während es dem anderen gar nichts ausmache. Und Sie sind davon überzeugt, für Ihr Leiden nicht verantwortlich zu sein, da es doch der Fehler des anderen sei. Doch in Wirklichkeit sind Sie für die Schwierigkeiten in der Beziehung mitverantwortlich. Eine Beziehung besteht zwischen zwei Menschen, die, wie wir alle, miteinander verbunden sind. Den Anteil, den die eine Person an dem entstandenen Missverständnis hat, gibt es nicht ohne den Anteil der anderen. Beide haben die Situation geschaffen und sind dafür verantwortlich.

Durch die Achtsamkeitspraxis können wir unser Denken transformieren. Üben Sie sich in Achtsamkeit, werden Sie sich stärker Ihrer selbst bewusst. Kommt Ärger oder Wut in Ihnen auf, so wissen Sie, dass Ärger oder Wut da ist. Beim Einatmen sagen Sie also: »Einatmend weiß ich, dass Ärger in mir ist. Ausatmend will ich mich gut um den Ärger kümmern.« Auf diese Weise zu praktizieren verhindert bloße Reaktivität, und Sie werden nicht mehr sofort etwas zu dem Menschen, der den Ärger oder die Wut in Ihnen ausgelöst hat, sagen oder etwas tun. Aus Ärger heraus zu handeln oder zu sprechen kann nur destruktiv sein. Sagen Sie nichts. Reagieren Sie nicht. Umarmen Sie stattdessen Ihren Ärger, erkennen Sie ihn an und verschaffen Sie ihm auf diese Weise Erleichterung. Danach schauen Sie tief in Ihren Ärger hinein und fragen sich, warum Sie ärgerlich sind.

Wenn es in Ihrem Zimmer zu kalt ist, machen Sie die Heizung an, und dadurch breiten sich Wellen erwärmter Luft aus. Diese versuchen nicht, die kalte Luft zu bekämpfen. Sie umfangen die kalte Luft und schon fünf oder zehn Minuten später hat sich die kalte Luft erwärmt. In gleicher Weise umarmt die Energie der Achtsamkeit und Konzentration die Energie des Schmerzes oder des Ärgers.

Vielleicht tragen Sie einen kräftigen Samen des Ärgers oder der Wut in sich. Sobald Sie etwas Unangenehmes hören oder sehen, ist das wie Wasser auf diesen Samen zu gießen und Sie werden wütend. Sie selbst sind die primäre Ursache Ihres Leidens, niemand sonst. Die andere Person ist lediglich die sekundäre Ursache. Wenn Sie darum wissen, mindert das schon Ihren Ärger. Schauen Sie tief in Ihren Ärger, Ihre Wut hinein, erkennen Sie, dass diese Gefühle durch Missverständnisse, falsche Wahrnehmungen und verzerrte Sichtweisen verursacht wurden. Sobald Sie dies erkannt haben, verwandelt das den Ärger grundlegend, und es entwickelt sich Verstehen.

Für gute Kommunikation
am Arbeitsplatz sorgen

Wir sollten eine Art Verpflichtung mit uns selbst sowie mit unseren Kolleginnen und Kollegen eingehen, dass wir fortan bei aufkommendem Ärger nichts mehr tun oder sagen, bis wir uns beruhigt haben. Wir könnten einen Friedensvertrag verwenden, der uns an unsere Selbstverpflichtung erinnert. Dieser Praxis entsprechend, schauen wir zunächst tief in uns hinein, um die Wurzeln unseres Ärgers zu erkennen. Sind wir aber nicht imstande, sie zu transformieren, sollten wir zu der Person, auf die wir ärgerlich sind, gehen und sie bitten, uns dabei zu helfen, unsere falschen Wahrnehmungen zu korrigieren. Das sollten wir aber erst dann tun, nachdem wir versucht haben, selbst mit unserem Ärger zurechtzukommen, doch wir sollten auch nicht zu viel Zeit verstreichen lassen, damit sich der Ärger nicht verfestigen kann. Normalerweise ist es am besten, innerhalb von vierundzwanzig Stunden unser Bedürfnis nach Hilfe und Unterstützung nach außen zu kommunizieren, denn es ist nicht gesund, den Ärger in sich zu behalten, wenn wir nicht imstande sind, ihn aufzulösen.

Tun Sie der anderen Person kund, dass Sie ärgerlich sind, es Ihnen deswegen nicht gutgeht und Sie nicht wissen, warum sie Dinge sagte oder tat, die Sie aufgebracht haben. Bitten Sie um Hilfe und um eine Erklärung. Sind Sie dermaßen wütend, dass Sie dem anderen nicht direkt gegenübertreten können, schreiben Sie ihm eine Notiz entsprechenden Inhalts.

Es gibt drei Sätze, die in dem Zusammenhang vielleicht hilfreich für Sie sein könnten.

Der erste Satz lautet: »Lieber Kollege oder liebe Freundin. Ich leide. Ich bin wütend. Ich will, dass du das weißt.« Weil euer beider Leben miteinander verbunden ist, haben Sie die Pflicht, der anderen Person Ihre Gefühle zu vermitteln.

Der zweite Satz, den Sie vielleicht sagen oder aufschreiben könnten, wäre: »Ich tue mein Möglichstes.« Das bedeutet: Ich praktiziere achtsames Atmen, ich sage nichts aus Ärger heraus oder handle nicht aus meiner Wut heraus. Stattdessen schaue ich tief in mich hinein und versuche, Rechtes Denken und Rechte Rede zu praktizieren. Der zweite Satz wird im anderen Respekt wachrufen, und so er wird versuchen, sich ebenfalls darin zu üben.

Der dritte Satz lautet: »Bitte hilf mir.« Ausführlicher könnten Sie sagen: »Ich bin nicht in der Lage, allein mit diesem Ärger umzugehen. Ich habe praktiziert. Doch sind jetzt fast vierundzwanzig Stunden vorbei, und ich fühle mich nicht viel besser. Ich kann den Ärger nicht allein transformieren. Bitte hilf mir.«

Um Hilfe bitten ist etwas Wundervolles. Normalerweise neigen wir bei Verletzungen dazu zu sagen: »Ich brauche dich nicht. Ich brauche auch deine Hilfe nicht. Ich schaffe das allein.« Und das macht oft noch wütender. Wenn Sie sich überwinden können zu schreiben: »Bitte hilf mir«, wird das Ihren Ärger sofort mindern. Statt zu versuchen, allein damit fertig zu werden, tun Sie das Gegenteil: »Ich brauche dich. Ich leide. Bitte komm und hilf mir.«

Merken Sie sich diese drei Sätze, wenn Sie in Ihrem Arbeitsleben glücklicher sein wollen. Schreiben Sie sie auf ein Stück Papier, das Sie wie eine Glocke der Achtsamkeit in der Brieftasche bei sich tragen. Jedes Mal, wenn Sie künftig ärgerlich werden, sollten Sie diesen Zettel aus der Brieftasche holen und die drei Sätze lesen, und zwar bevor Sie reagieren.

Einen Friedensvertrag nutzen

Ein Friedensvertrag kann uns dabei helfen, uns zu beruhigen und Schwierigkeiten, die wir mit anderen am Arbeitsplatz haben, aufzulösen. Wir können ihn regelmäßig durchlesen und uns so daran erinnern, was wir tun können, wenn wir uns über jemanden ärgern oder sich jemand über uns ärgert.

Das Wichtigste ist, dass wir im Gedächtnis behalten, nichts aus Ärger heraus zu sagen oder zu tun, sondern uns stattdessen sofort dem Atem zuzuwenden. Unserem Atem folgend werden wir ruhiger. Wir können der anderen Person durchaus sagen, was uns geärgert hat. Doch zunächst einmal sollten wir tief in uns hineinschauen, um zu erkennen, dass die wahre Ursache unseres Ärgers oder unserer Wut der starke Samen des Ärgers, der Wut, ist, den wir in uns tragen. Die andere Person ist immer nur die sekundäre Ursache.

Haben wir jemanden verletzt oder verärgert, sollten wir uns wenn möglich sofort entschuldigen, denn wir wissen, dass unser eigenes Glück vom Glück des anderen abhängt und sein Leiden zu unserem eigenen Leiden wird. In diesem Wissen versuchen wir, die Kommunikation und die Beziehung zu dem anderen Menschen so schnell wie möglich wiederherzustellen.

Der folgende Text basiert auf dem Friedensvertrag, der in Plum Village ursprünglich dafür entwickelt wurde, Paaren zu helfen, ihre Konflikte zu lösen, die Kommunikation zu verbessern und eine gute Beziehung zu bewahren. Es mag sinnvoll sein, dass Sie die folgende leicht überarbeitete Fassung mit Ihren Arbeitskolleginnen und -kollegen besprechen und Ihrerseits an Ihre Bedürfnisse und Erfordernisse anpassen. Bringen Sie Ihren Friedensvertrag an einem für alle gut sichtbaren Ort an und lesen Sie den Text alle regelmäßig durch. So bleibt in Ihrem Gedächtnis, was Sie tun können, wenn es bei der Arbeit ein Problem mit einem Kollegen, einer Kollegin gibt, und alle werden die eigene Verantwortung in einem möglichen Konflikt besser verstehen und akzeptieren können.

Friedensvertrag

Damit wir gut und glücklich zusammenarbeiten und unser Verständnis füreinander vertiefen können, versprechen wir, die Kolleginnen und Kollegen in _____ (diesem Team/Büro/Abteilung/Firma usw.), das Folgende zu beachten und zu praktizieren.

I. Die Person, die ärgerlich oder wütend ist, ist einverstanden,

1. davon abzusehen, etwas zu sagen oder zu tun, das noch größeren Schaden anrichtet und den Ärger verstärkt.
2. den Ärger, die Wut nicht zu unterdrücken.
3. achtsames Atmen zu praktizieren und Zuflucht zur Insel in sich selbst zu nehmen.
4. dem Menschen, der sie ärgerlich oder wütend gemacht hat, innerhalb von vierundzwanzig Stunden in ruhiger Weise von dem Ärger und damit verbundenen Leid zu berichten, entweder verbal oder mittels einer Friedensnotiz.
5. um ein Treffen am Ende der Woche, zum Beispiel an einem Freitag zu bitten (entweder verbal oder mittels einer Friedensnotiz), um die Angelegenheit genauer zu besprechen.
6. nicht zu sagen: »Ich bin gar nicht ärgerlich. Es ist alles in Ordnung. Ich leide nicht. Es gibt nichts, was mich ärgerlich machen könnte, zumindest ist es nur eine Kleinigkeit, die mich nicht wirklich ärgerlich macht.«
7. achtsames Atmen zu praktizieren und das eigene Alltagsleben zu betrachten, um zu sehen,

a. dass ich mich selbst manchmal ungeschickt verhalten habe.

b. wie ich den anderen Menschen in der Vergangenheit durch die eigenen negativen oder ungeschickten Gewohnheitsenergien verletzt habe.

c. dass der starke Samen des Ärgers in mir die primäre Ursache meines Ärgers ist.

d. dass das Leiden des anderen, das meinen Samen des Ärgers gegossen hat, lediglich die sekundäre Ursache ist.

e. dass der andere lediglich sein Leiden loszuwerden versucht.

f. dass ich nicht glücklich sein kann, solange der andere leidet.

g. dass ich mich sofort entschuldige, ohne bis zu dem verabredeten Termin zu warten, sobald ich meine Ungeschicklichkeit und fehlende Achtsamkeit erkenne.

h. dass ich den Termin verschiebe, wenn ich mich nicht ruhig genug fühle, dem anderen zu begegnen.

II. Die Person, die den anderen verärgert hat, ist einverstanden,

1. die Gefühle des anderen Menschen zu respektieren, ihn nicht lächerlich zu machen und ihm genügend Zeit zu geben, sich zu beruhigen.

2. nicht auf ein sofortiges Gespräch zu dringen.

3. die Bitte des anderen um ein Gespräch, entweder verbal oder durch eine schriftliche Antwort, zu bestätigen und zuzusagen.

4. sich wenn möglich sofort zu entschuldigen und damit nicht bis zu dem vereinbarten Treffen zu warten.

5. achtsames Atmen zu praktizieren und Zuflucht zur Insel in sich selbst zu nehmen, um zu sehen:

a. In mir sind Samen des Ärgers und der Unfreundlichkeit wie auch die Gewohnheitsenergie, den anderen unglücklich zu machen.

b. Fälschlicherweise habe ich geglaubt, mein eigenes Leiden loswerden zu können, indem ich dem anderen Leid zufüge.

c. Ich schaffe in mir selbst Leid, wenn ich dem anderen Leid bereite.

Wir, die Kolleginnen und Kollegen in _____ (diesem Team/Büro/Abteilung/Firma usw.), sind entschlossen, uns von ganzem Herzen um eine gute Kommunikation untereinander, um ein wechselseitiges Verständnis und um Harmonie zu bemühen, vor allem wenn Probleme und Schwierigkeiten auftauchen.

Unterzeichnet am _____ (Datum)
in _____ (Ort)

Heftige Stürme überstehen

Wenn eine starke Emotion in uns aufkommt, sagen wir zu ihr: »Du bist nur eine Emotion.« Eine Emotion ist etwas, das kommt, für eine Weile bleibt und schließlich wieder geht.

Wir bestehen aus Körper, Gefühlen, Wahrnehmungen, geistigen Gebilden (und dazu gehören diese Emotionen) und Bewusstsein. Wir sind also sehr umfassend und weit mehr als eine Emotion. Diese Einsicht nutzen Sie, wenn eine starke Emotion in Ihnen hochkommt. »Hallo, meine Emotion, mein Gefühl. Ich weiß, dass du da bist, und ich werde mich um dich kümmern.« Sie praktizieren achtsam tiefe Bauchatmung und wissen, dass Sie mit dem Sturm, der in Ihnen tobt, umgehen können. Setzen Sie sich in der Lotos-Position oder einer anderen für Sie bequemen Haltung auf den Boden oder legen Sie sich hin. Legen Sie eine Hand auf Ihren Bauch und atmen Sie sehr tief ein und sehr tief aus, nehmen Sie dabei das Heben und Senken der Bauchdecke bewusst wahr. Hören Sie mit dem Denken auf. Seien Sie sich nur Ihres Atems und der Bewegungen in Ihrem Körper bewusst. »Beim Einatmen hebt sich meine Bauchdecke. Beim Ausatmen senkt sich meine Bauchdecke.« Konzentrieren Sie sich vollkommen auf diesen Vorgang. Hören Sie auf zu denken, denn je mehr Sie darüber nachdenken, was Sie so aufgebracht hat, desto stärker wird das Gefühl.

Lassen Sie bei diesem Vorgang nicht zu, wieder zur Ebene der Gedanken zurückzukehren. Bleiben Sie mit Ihrem Gewahrsein auf der Ebene des Atmens, im Bereich knapp unterhalb des Nabels. Seien Sie mit Ihrer Aufmerksamkeit vollkommen beim Heben und Senken der

Bauchdecke. Halten Sie sich daran fest, und Sie werden in Sicherheit sein. Es ist wie bei einem Baum, der einem Sturm ausgesetzt ist: Wenn Sie die Baumspitze betrachten, sehen Sie, wie die Äste und Blätter im Wind hin- und herschwingen. Sie gewinnen vielleicht den Eindruck, dass der Baum abbricht oder von dannen gefegt wird. Doch wenn Sie mit Ihrer Aufmerksamkeit zum Stamm wandern, sehen Sie, wie stabil er ist, und Sie erkennen, wie fest und tief der Baum in der Erde wurzelt und dass er von daher gar nicht fortgeweht werden kann. Sie wissen nun, dass der Baum dem Sturm widerstehen wird. Sind Sie also inmitten eines heftigen emotionalen Sturms, sollten Sie nicht an der Baumspitze, der Ebene des Denkens, verweilen. Hören Sie mit dem Denken auf. Wenden Sie sich dem Stamm, Ihrem Bauch, zu. Umarmen Sie den Stamm und konzentrieren Sie sich vollkommen auf das Heben und Senken der Bauchdecke. Solange Sie achtsam atmen und sich nur auf das Heben und Senken der Bauchdecke konzentrieren, werden Sie in Sicherheit sein.

Warten Sie mit der Praxis des achtsamen Atmens nicht, bis ein solch heftiger emotionaler Sturm aufkommt, sonst werden Sie genau dann, wenn Sie es am nötigsten bräuchten, nicht wissen, was Sie tun können. Wir müssen mit der Praxis beginnen, wenn der Himmel klar ist und noch kein Sturm am Horizont aufzieht. Üben wir uns darin jeden Tag fünf bis zehn Minuten lang, werden wir uns beim Ansturm heftiger Gefühle leicht daran erinnern – und ihn überleben.

Ihre Gedanken, Worte und
Taten tragen Ihre Unterschrift

Angenommen, Sie haben eine Kollegin, mit der Sie oft zusammenarbeiten und mit der Sie gern in guter Beziehung stehen wollen. Es gibt ein paar Dinge, die Sie dafür tun können. Das Erste ist, wahrzunehmen, wie Sie über Ihre Arbeit und Ihre Beziehungen zu Kolleginnen und Kollegen denken.

Ihre Tätigkeit umfasst vielleicht Dienstleistungen oder die Herstellung von Waren, und für Sie ist das der Zweck Ihrer Arbeit. Doch während Sie damit beschäftigt sind, stellen Sie noch anderes her: Gedanken, Worte und Taten.

Wenn ein Maler oder eine Komponistin ein Werk schafft, signiert er oder sie es. In Ihrem täglichen Leben tragen Ihre Gedanken, Worte und Taten Ihre Unterschrift. Ist Ihr Denken Rechtes Denken und beinhaltet es Verständnis, Mitgefühl und Einsicht, dann ist es ein gutes Kunstwerk und trägt Ihre Signatur. Lassen Sie einen mitfühlenden, einsichtsvollen Gedanken in sich entstehen, ist er Ihre Schöpfung, Ihr Erbe. Es ist unmöglich, dass er nicht Ihr Zeichen trägt, denn Sie sind der Schöpfer, die Schöpferin.

Alles, was Sie sagen, ist ein Produkt dessen, wer Sie sind und wie Sie denken. Ob Ihre Ausdrucksweise freundlich oder grob und gemein ist, Sie trägt Ihre Unterschrift. Was Sie sagen, löst vielleicht bei anderen sehr viel Ärger, Verzweiflung und Pessimismus aus, und auch das trägt Ihre Unterschrift. Es ist nicht gut, solche Negativität zu schaffen. Mit Achtsamkeit können Sie sich in einer Weise ausdrücken, die Verstehen, Mitgefühl, Freude und Vergeben umfasst.

Wenn Sie in Frieden mit sich sind, glücklich sind, dann vermitteln Sie diese positiven Elemente durch Ihre Worte, welche das auch immer sein mögen, und das lässt in Ihren Mitmenschen die guten Samen, die positiven Elemente wachsen. Diese Menschen werden dann ihrerseits bestrebt sein, in anderen Menschen, mit denen sie sprechen, das Positive zu fördern. Reden Sie aber an Ihrer Arbeitsstelle nur, um sich über Kolleginnen und Kollegen zu beklagen und Ihren Ärger, Ihre Enttäuschung und Ihre Wut auszudrücken, dann werden Sie damit sowohl sich als auch anderen Schaden zufügen. Achtsames Kommunizieren ist eine gute Praxis. Wenn wir sprechen, sollten wie uns der Auswirkungen unserer Worte auf andere bewusst sein.

Liebevolles Sprechen

Liebevolles Sprechen bedeutet, voller Liebe, Mitgefühl und Verständnis zu sprechen. Wir sind bemüht, keine beschuldigenden oder kritisierenden Worte zu verwenden. Wir versuchen, ohne Urteile, ohne Bitterkeit und ohne Ärger zu reden, denn wir wissen, wie sehr solche Worte Leid schaffen können. Wir sprechen ruhig, voller Verständnis und nutzen nur Worte, die Vertrauen, Freude und Hoffnung in anderen erwecken.

Liebevolles Sprechen lädt andere Menschen ein, über sich und ihre Probleme und Schwierigkeiten zu reden. Wir müssen ehrlich, offen und bereit sein, auch tatsächlich zuzuhören. Wenn wir tief und mitfühlend zuhören, verstehen wir vielleicht, inwieweit andere uns und sogar sich selbst falsch wahrnehmen mögen. Und gleichermaßen erkennen wir möglicherweise, dass auch wir uns selbst und andere oft falsch wahrnehmen. Sich auszutauschen und miteinander zu sprechen hilft beiden Seiten, falsche Wahrnehmungen zu beseitigen und einander klarer zu sehen, in einer Weise, die der Wahrheit näherkommt.

Es gibt Menschen, die mit Zynismus oder Argwohn darauf reagieren, wenn wir liebevoll zu ihnen sprechen, weil sie in der Vergangenheit möglicherweise schlechte Erfahrungen gemacht haben. Sie haben Schwierigkeiten, anderen zu vertrauen. Sie argwöhnen, dass wir ihnen keine authentische Liebe, kein echtes Vertrauen entgegenbringen. Auch wenn wir ihnen mit viel Liebe und Verständnis begegnen, reagieren sie voller Misstrauen und Skepsis. Es gibt viele junge Menschen, denen von ihren Eltern, ihrer Familie, ihren Lehrern und der Gesellschaft nicht genügend Verständnis und Liebe entgegengebracht werden. In ihrer Umwelt können sie nichts Schönes, Wahres oder Gutes entdecken. So ziehen sie herum auf der Suche nach etwas, an das sie glauben können, nach Liebe und Verständnis gierend. Sie gleichen ewig hungrigen Geistern, die niemals Befriedigung finden.

In der buddhistischen Tradition sind hungrige Geister Wesen mit riesigen Bäuchen, die immer Hunger haben. Auch wenn in ihren Bäuchen viel Platz ist, können sie doch nicht viel zu sich nehmen, denn ihr Hals ist so spindeldürr, dass sie die Nahrung kaum hinunterschlucken können. Deshalb können sie sich auch nie satt essen und sind niemals befriedigt. Dieses Bild illustriert Menschen, die hungrig nach Liebe und Verständnis sind, doch die kaum imstande sind, Liebe und Verständnis zu empfangen. Helfen Sie ihnen, ihre Hälse auf normale Größe zu bringen, damit sie später einmal das, was Sie ihnen als Nahrung anbieten, hinunterschlucken können. Das ist die Praxis geduldiger, verständnisvoller und fortgesetzter liebender Güte. Es braucht meist einige Zeit, um das Vertrauen dieser Menschen zu gewinnen. Vorher können Sie ihnen nicht wirklich helfen. Darum sollten Sie Ihre Praxis unbeirrt fortsetzen, selbst wenn man Ihnen mit Zynismus, Skeptizismus oder Misstrauen begegnet.

Jeder von uns, ob wir als Psychotherapeuten, Richterinnen, Rechtsanwälte, Lehrerinnen, Polizisten, Wissenschaftlerinnen, Künstler oder Computerspezialistinnen tätig sind, kann diese Praktiken des tiefen Zuhörens und liebevollen Sprechens anwenden, um die Kommunikation am Arbeitsplatz zu verbessern. Haben wir eine gute Kommunikationsbasis geschaffen, ist alles möglich, auch das Beiseiteräumen von falschen Wahrnehmungen und Missverständnissen.

Tiefes Zuhören

Tiefes Zuhören bedeutet einfach mitfühlendes Zuhören. Selbst wenn die andere Person Ihnen voller falscher Wahrnehmungen, Voreingenommenheiten, Beschuldigungen, Beurteilungen und Kritik entgegentritt, sind Sie imstande, still dasitzend zuzuhören, ohne zu unterbrechen oder darauf zu reagieren. Sie wissen, dass es den anderen enorm erleichtern wird, wenn Sie in dieser Weise zuhören. Sie behalten im Gedächtnis, dass Sie nur aus einem Grund zuhören: Sie wollen dem anderen Menschen die Gelegenheit geben, sich auszudrücken, denn bis zu diesem Zeitpunkt hat sich niemand die Zeit genommen, ihm zuzuhören. Nun sind Sie ein Bodhisattva des Zuhörens. Wenn Sie Ihr Mitgefühl während des Zuhörens lebendig halten können, werden Sie auch keinen Ärger empfinden. Mitgefühl bewahrt Sie davor, ärgerlich oder wütend zu werden, wenn Sie Dinge zu hören bekommen, die vielleicht ungerecht sind, voller Beschuldigungen, Bitterkeit oder Schuldzuweisungen. Es ist wundervoll. Sie können Mitgefühl durch Ihr Wissen lebendig halten, dass Sie durch ein solches Zuhören jemandem die Chance geben, sich auszudrücken und verstanden zu werden. Es ist so einfach.

Sie atmen ein und aus und bleiben dabei ganz bewusst. Praktizieren Sie in dieser Weise, werden Sie längere Zeit zuhören können, ohne dass der Samen des Ärgers oder der Wut in Ihnen berührt wird.

Spüren Sie an einem gewissen Punkt, dass doch Wut oder Ärger hochkommt, dann wissen Sie, dass Ihre Fähigkeit, mitfühlend zuzuhören, noch nicht stark genug ist. Trotzdem sind Sie noch imstande, liebevolles Sprechen zu praktizieren. Sie könnten sagen: »Ich glaube, ich bin heute nicht in so guter Form. Können wir ein anderes Mal weitermachen, vielleicht übermorgen?« Ist Ihr Zuhören einmal nicht so gut, wird das der andere merken, also strengen Sie sich nicht zu sehr an.

Wenn Sie selbst sprechen, haben Sie das Recht, alles, was Ihnen am Herzen liegt, zu sagen, vorausgesetzt, Sie tun es in liebevoller Sprache. Vielleicht kommt in Ihnen beim Sprechen Schmerz oder Wut hoch und das drückt sich auch in Ihrer Stimme aus. In diesem Fall merken Sie, dass Ihre Fähigkeit, liebevoll zu sprechen, nicht gut genug ist, und Sie könnten sagen: »Gibst du mir die Möglichkeit, ein anderes Mal darüber zu sprechen. Ich bin heute nicht so gut darin.« Und Sie nutzen die nächsten Tage, um achtsames Atmen und achtsames Gehen zu praktizieren und sich zu beruhigen, so dass Sie beim nächsten Mal dazu in der Lage sind, in liebevoller Weise zu sprechen.

Achtsame Sitzungen oder Besprechungen

Sitzungen oder Besprechungen sind oft eine Quelle von Spannungen, Stress und Konflikten. Von daher haben wir in Plum Village eine Reihe von Praktiken entwickelt, die uns helfen, während solcher Treffen Frieden und Harmonie zu bewahren.

Bevor wir mit der Sitzung beginnen, sitzen wir still zusammen und kehren zu uns selbst zurück. Wir lauschen dem Klang der Glocke, was uns darin unterstützt, zu unserem Atem und dem gegenwärtigen Moment zurückzukommen. Das lässt unseren Körper und Geist Ruhe finden und befähigt uns, unsere Sorgen loszulassen. Dann lesen wir einen Text, der uns vergegenwärtigt, liebevoll zu sprechen und tief zuzuhören – respektvoll miteinander umzugehen, offen zu sein für die Ansichten anderer und an unseren eigenen Ansichten nicht anzuhaften. Wir wissen, dass die Harmonie in der Gemeinschaft das wichtigste Element für unser kollektives

Glück ist und dass wir Leid schaffen, wenn wir an unseren gegenwärtigen Ansichten festhalten oder sie anderen aufzudrängen versuchen. Wir bemühen uns um Offenheit und hören den anderen in diesem Geiste zu, wenn sie von ihren Erfahrungen und Einsichten sprechen. Wir laden alle ein, ihre Ideen und Vorstellungen zu präsentieren, und kommen dann zu einer Einigung, wenn wir alle Ansichten gehört haben. Die kollektive Weisheit und Einsicht der Sangha ist, wie wir wissen, größer als die Weisheit nur eines Individuums. Können wir uns nicht einigen, vereinbaren wir, den Sachverhalt zu einem späteren Zeitpunkt noch einmal aufzugreifen.

Während der Sitzung üben wir uns in liebevollem Sprechen und tiefem Zuhören. Wir achten darauf, dass jeweils nur eine Person spricht, und unterbrechen sie nie. Während einer von uns spricht, üben sich die anderen in tiefem Zuhören und versuchen zu verstehen, was er oder sie sagen will. Tiefes Zuhören bedeutet aufmerksames Zuhören, denn wir wollen hören, was die andere Person sagt, und auch das, was ungesagt bleibt. Wir hören zu, ohne zu urteilen oder darauf unmittelbar zu reagieren. Ebenso wenig lassen wir uns auf verbale Duelle ein. Wir sprechen von unseren eigenen Erfahrungen und richten uns an alle Anwesenden. Haben wir Fragen, bringen wir sie in die Mitte des Kreises, damit die ganze Gruppe darüber nachsinnen und sich angesprochen fühlen kann. Es mag für Sie hilfreich sein, vor einer Sitzung den folgenden Text zu lesen oder ihn so abzuändern, dass er Ihre Bedürfnisse und Erfordernisse erfüllt.

Meditation vor einer Sitzung

Wir geloben, diese Sitzung in einem Geist der Zusammengehörigkeit abzuhalten. In diesem Geist wollen wir alle Ideen besprechen und sie in einem harmonischen Verstehen – einem Konsens zusammenführen. Wir geloben, dabei Methoden des liebevollen Sprechens und tiefen Zuhörens zu verwenden, damit unsere Besprechung von Erfolg gekrönt ist. Wir geloben, nicht zu zögern, unsere Ideen und Einsichten mitzuteilen, doch wir geloben auch, nichts zu sagen, wenn ein Gefühl des Ärgers in uns ist. Wir sind entschlossen, nicht zuzulassen, dass sich während der Besprechung Spannungen aufbauen. Wenn jemand das Gefühl hat, dass dies dennoch geschieht, werden wir sofort innehalten und zu unserem Atem zurückkehren, um die Atmosphäre der Zusammengehörigkeit und Harmonie wiederherzustellen.

Wir nehmen uns in Plum Village auch die Zeit für Zusammentreffen, in denen wir nicht über die Arbeit sprechen. Bei diesen wöchentlichen Treffen, die vielleicht eine Stunde dauern, reden wir nicht über die Arbeit, sondern erinnern uns nur gegenseitig daran, dass wir bereits über genügend Bedingungen verfügen, um glücklich zu sein; wir brauchen nicht nach weiteren, in der Zukunft liegenden Bedingungen dafür zu suchen. Unsere Begegnung vergegenwärtigt uns, wie glücklich wir uns schätzen können. Wir trinken eine Tasse Tee zusammen und nähren einander durch unsere Gegenwart und die Praxis der Achtsamkeit. Einer erzählt vielleicht eine Geschichte über eine kürzlich gemachte positive Erfahrung. Wir pflegen die Samen des Glücks in jedem von uns und erfreuen uns an der Gegenwart der anderen. Dabei erkennen wir die positiven Qualitäten in den anderen an und drücken unsere Dankbarkeit aus. Wir fühlen uns sehr glücklich, dass wir mit den anderen zusammensitzen können.

Auf diese Weise zusammen zu sein und sich an der Gegenwart der anderen zu erfreuen ist an jedem Arbeitsplatz möglich. Viele dieser Praktiken können wir auch im Geschäftsleben anwenden.

4

Nach Hause kommen

Ich bin angekommen, ich bin zu Hause

Wenn wir von der Arbeit nach Hause kommen, sind wir oft noch voller Anspannung und Stress. Unser Körper ist in Mitleidenschaft gezogen, weil wir ihn so strapaziert haben – wir haben nicht genügend auf ihn geachtet. Der Körper hat nicht zuletzt aufgrund der Dinge, die wir konsumiert haben, viele Giftstoffe aufgenommen; ebenso wie durch unsere Art zu essen, zu trinken und zu arbeiten. Achten Sie einmal darauf, in welchem Zustand Sie nach Hause kommen, und denken Sie darüber nach, wie Sie die Spannungen und Giftstoffe in Ihrem Körper reduzieren können.

Angenommen, Sie arbeiten noch spätabends. Vielleicht überlegen Sie: »Warum nur muss ich noch so spät hier sein, wo die anderen alle entweder ausgegangen oder schon zu Hause sind und schlafen?« Wenn Sie so über Ihre Arbeit denken, erschwert das die Dinge. Im Laufe der Zeit empfinden Sie vielleicht zunehmend Groll und fühlen sich ausgelaugt und ohne Energie. Nach der Arbeit gehen Sie sofort nach Hause und legen sich erschöpft und müde ins Bett. Leben Sie mit anderen zusammen, kann diese Erschöpfung für Ihre Beziehung und Ihr Familienleben sehr belastend sein. Doch wenn Sie die Achtsamkeitspraxis kennen, werden Sie die langen Arbeitsstunden in eine positive und nährende Erfahrung verwandeln können.

Kommen Sie nach Plum Village, wird Ihnen sofort ein Schild mit der Aufschrift auffallen: »Ich bin angekommen. Ich bin zu Hause.« Vielleicht möchten Sie auch so etwas an Ihrer Haustür oder Wohnungstür anbringen, als eine freundliche Erinnerung daran, dass Sie nun nicht mehr hetzen und irgendetwas hinterherjagen müssen. Sie kommen nicht nur nach Hause, um zu schlafen und dann wieder zur Arbeit aufzubrechen, sondern um sich an Ihrem Zuhause und dem Beisammensein mit der Familie oder den Menschen, mit denen Sie leben, zu erfreuen, um sich zu erholen und zu stärken. Nehmen Sie sich die Zeit, wirklich zu Hause anzukommen und ganz da zu sein für sich selbst und die Menschen und Lebewesen in Ihrem Umfeld.

Zu sich selbst heimkehren

Wenn Sie viel arbeiten und sich gestresst fühlen, liegt das möglicherweise auch an einem mangelnden Informationsfluss in Ihnen – zwischen Ihrem Körper und Ihrem Geist. Ihr Körper und Ihr Bewusstsein haben Ihnen vielleicht schon lange etwas mitteilen wollen, doch Sie waren stets zu beschäftigt, um zuzuhören.

Viele von uns sind nicht sehr geübt darin, auf den Körper zu hören. Der erste Schritt bei der Heimkehr zu uns selbst besteht darin, unsere Aufmerksamkeit uns selbst zuzuwenden und wahrzunehmen, was emotional und in unserem Körper vor sich geht. Der Körper ist unser erstes Zuhause. Wir können uns nicht in der äußeren Welt zu Hause fühlen, wenn wir nicht in unserem Körper beheimatet sind.

Was hindert uns daran, bei uns zu Hause zu sein? Oft fühlt sich unser inneres Zuhause nicht sehr behaglich an – es ist zu chaotisch, voller schwieriger Gefühle, und wir halten uns dort einfach nicht gern auf. Doch wir sollten heimkehren zu uns selbst, um uns um all diese Gefühle zu kümmern. Keineswegs müssen wir vorher bereits all unsere Probleme gelöst haben. Es ist mehr als ausreichend, wenn wir uns einfach nur des gegenwärtigen Moments bewusst sind und den Entschluss fassen, uns wieder unserem Körper zuzuwenden: Wir sind dann schon ein Teilzeit-Buddha. Vielleicht konnten Sie bisher lediglich ein oder zwei Prozent Ihres Leidens transformieren, dennoch können Sie sich glücklich schätzen, denn Sie haben den Weg schon gesehen.

Der zweite Schritt besteht darin, mit der eigenen Familie und nahestehenden Menschen zu praktizieren. Sie müssen nicht warten, bis Sie Ihr gesamtes Leiden transformiert haben, um Ihrer Familie zu helfen. Praktizieren Sie liebevolles Sprechen und tiefes Zuhören, wenn Sie mit Ihren Eltern, Ihrem Partner, Ihrer Partnerin und Ihren Kindern im Gespräch sind. Laden Sie sie möglichst ein, mit Ihnen den Weg der Transformation und Heilung zu gehen, denn Ihre Familie ist eine wichtige Grundlage für Ihre Praxis. Ohne Unterstützung durch Ihre Familie, Ihren Partner, Ihre Partnerin oder Ihre Kinder ist es weitaus schwieriger, achtsam zu sein.

Durch die Praxis des Heimkommens werden Sie zu einem aktiven Familienmitglied. Es gibt Familien, in denen niemand das Gefühl von Festigkeit und Halt hat. Es geht dort zu wie in einem Hotel, wo Menschen einfach nur zum Schlafen hinkommen und dann wieder gehen und wo jeder sein eigenes Leben führt, es keinerlei Austausch oder gegenseitige Unterstützung gibt. Die Praxis, zu uns selbst heimzukommen, wird uns helfen, unser Familienleben zu erneuern und die Familie zu einem lebendigen Organismus werden zu lassen. Gibt es genügend Bewusstheit, genügend Transformation und Freude innerhalb der Familie, werden sowohl Sie als auch Ihre Familie zu einer Quelle der Stärke für Ihr näheres und weiteres Umfeld.

Gegenwärtig sein

Weil wir oft das Gefühl haben, über zu wenig Zeit zu verfügen, versuchen viele von uns, sich aufzuteilen. Wir stellen uns vor, dass achtzig Prozent unserer selbst in die Arbeit einfließen, zehn Prozent in die Familie, fünf Prozent in unsere Freundschaften und zwei Prozent in ehrenamtliche Tätigkeiten. Doch wenn wir so verfahren, sind wir nie für irgendjemanden vollkommen gegenwärtig.

Gärtner müssen physisch im Garten anwesend sein, um ihre Gartenarbeit zu verrichten und sich um die verschiedenen Blumen, Bäume, Gemüse und Pflanzen zu kümmern. Bei verwelkten Blumen, abgebrochenen Ästen, bei Unkraut, in die Höhe geschossenem Gras oder bei abgefallenen Blättern weiß ein guter Gärtner, wie er all dies nutzen kann, um es in reichhaltigen Kompost zu verwandeln, der Bäume und Blumen nährt. Unser Körper, unsere Gefühle, unsere Wahrnehmungen, unsere geistigen Gebilde und unser Bewusstsein sind unser Garten, und wir sollten vollkommen präsent für die Arbeit in unserem Garten sein, genauso wie ein Gärtner, der gießt, jätet und verwandelt.

Wir müssen für uns selbst gegenwärtig sein. Stellen Sie sich ein Land ohne Regierung vor, ohne einen Präsidenten, einen König oder eine Königin. In diesem Land gäbe es niemanden, der auf alles achtgibt. Jedes Land braucht irgendeine Art von Regierung. Das gilt auch für uns. Wir müssen in unserem eigenen »Territorium« anwesend sein, um auf uns achtzuhaben, um als König, Königin oder Präsident zu regieren. Wir sollten wissen, was kostbar und schön ist, um es zu beschützen; wir sollten ebenfalls wissen, was nicht schön ist, um es zu verbessern, zu reparieren oder zu entfernen. Wir müssen da sein und dürfen nicht vor unserer Verantwortung davonlaufen. Es gibt aber Menschen, die diese Verantwortung nicht übernehmen wollen, weil es ihnen zu anstrengend erscheint, und lieber vor ihr flüchten.

Wir entfliehen auf vielfältige Weise. Wir laufen davon, indem wir fernsehen, Zeitung lesen, im Internet surfen, auf dem Computer spielen oder Musik lauschen. Wir möchten gar nicht in unser Territorium zurückkehren. Wir sind König oder Königin und weigern uns, die Verantwortung für unser Land zu übernehmen und es zu regieren. Doch wir müssen uns unserer Verantwortung bewusst werden, wir müssen die Rolle des oder der Regierenden annehmen und uns um uns selbst kümmern.

Ein Teil der Fürsorge für uns selbst liegt darin, zu erkennen, dass wir Grenzen haben und nicht alles tun können. Unser Körper und unsere Energie sind begrenzt. Als Lehrer habe ich Grenzen. Ich würde sehr gern überall dorthin reisen, wohin ich eingeladen werde zu lehren. Doch wenn ich das täte, aus dem tiefen Wunsch heraus, so vielen Menschen wie möglich zu helfen, würde ich aus Erschöpfung früher sterben, denn mein Körper und meine Gesundheit sind nur noch begrenzt solchen Anforderungen gewachsen. Wir müssen lernen, nein zu sagen, um uns zu schützen, damit wir unser Leben und unsere Arbeit länger fortsetzen können.

Sie müssen die Tatsache anerkennen, dass Sie Grenzen haben. Sie besitzen genügend Intelligenz, um Ihre Grenzen auszuloten und sich die Arbeit so einzuteilen, wie es Ihren wahren Bedürfnissen entspricht. Das kommt Ihnen, Ihrer Familie und Ihrer Gemeinschaft zugute.

Ein Atemraum

So wie Sie an Ihrer Arbeitsstätte ein ruhiger Raum, eine Ecke in Ihrem Büro oder etwas Platz auf Ihrem Schreibtisch unterstützt, dass Sie in Ruhe atmen können, so brauchen Sie auch in Ihrem Zuhause einen Atemraum – einen ruhigem stillen Ort, an dem Sie Ihr Atmen genießen und zu sich selbst heimkommen können; einen Ort, an dem Sie sich stärken und Freude entwickeln können. Vielleicht möchten Sie einen kleinen Tisch mit ein paar Blumen und einer Kerze schmücken und sich daran erfreuen, dort allein oder zusammen mit anderen Familienmitgliedern zu sitzen.

Wenn Sie nach Hause kommen, haben Sie möglicherweise noch einiges an Hausarbeit zu erledigen, doch es ist wichtig, sich zunächst einmal ein paar Minuten Zeit zu nehmen, einfach dazusitzen und zu atmen. Dadurch kommen Sie wieder zu Kräften und können das, was Sie noch zu tun haben, mit mehr Frische, Bewusstheit und Freude verrichten.

Zusammen sitzen

Zu Zeiten des Buddha kamen oft Hunderte von Nonnen und Mönchen zusammen, um ihn zu sehen und seine Belehrungen zu empfangen. Manche kamen erst spätabends an und wurden dann von einem Diener des Buddha eingeladen, näher zu kommen und mit dem Buddha und seiner Sangha zusammen zu sitzen. Schüler des Buddha waren teilweise einen ganzen Monat unterwegs, bevor sie am Aufenthaltsort des Buddha eintrafen. Sie hatten kein Telefon, um ihre Ankunft anzukündigen, und so kamen sie oft unerwartet. Eines Abends kamen Hunderte dieser reisenden Mönche an und saßen dann mit dem Buddha friedvoll bis Mitternacht in Meditation zusammen. Um diese Zeit trat Ananda zum Buddha hin und sagte mit sanfter Stimme: »Herr, es ist zwölf Uhr in der Nacht. Möchtet Ihr die Mönche etwas lehren?« Der Buddha sagte nichts – sondern saß einfach weiterhin da. Ananda ging zu seinem Platz zurück und setze sich hin. Um zwei in der Nacht erhob er sich erneut, näherte sich dem Buddha und sagte: »Weltverehrter, es ist nun zwei Uhr. Möchtet Ihr jetzt etwas lehren?« Und erneut saß der Buddha einfach still da und sagte kein Wort. Wieder kehrte Ananada zu seinem Platz zurück. Um fünf Uhr morgens stand er ein drittes Mal auf und näherte sich dem Buddha auf leisen Sohlen. »Es ist nun fünf Uhr am Morgen. Wollt Ihr etwas sagen? Wollt Ihr etwas lehren?« Nun sah der Buddha Ananda an und sagte: »Ananda, worüber soll ich denn sprechen? Reicht es denn nicht, dass wir hier zusammen sitzen? Das ist genügend Glück. Was sollten wir da noch sagen?«

Zusammen zu sitzen genügt, um uns glücklich zu machen. Sitzen wir in voller Bewusstheit, dann sind wir wirklich präsent im gegenwärtigen Moment. Wir sind tatsächlich nach Hause gekommen, sind wahrhaft angekommen. Haben Sie sich zu Hause eine Zeit und einen Ort reserviert, um in dieser Weise friedvoll und ruhig zu sitzen, dann werden Sie sehen, wie gerne Sie nach Hause kommen.

Hausarbeit

Oft möchten wir uns einfach nur noch ausruhen, wenn wir nach der Arbeit zu Hause ankommen. Wir betrachten das, was wir dort möglicherweise zu tun haben, als zusätzliche Arbeit, sei es nun kochen, aufräumen oder sauber machen, und wir haben keine Lust auf weitere Tätigkeiten, wenn wir schon den ganzen Tag lang gearbeitet haben. Doch wenn wir uns die Zeit nehmen, uns zunächst einmal zu entspannen und zu erholen, unsere Energie zu erneuern, werden wir erkennen, dass uns diese Tätigkeiten Freude machen können, statt eine weitere Bürde zu sein und unseren Stress zu mehren.

Einfach nur dazusitzen ist in der Tat wundervoll, doch wir müssen nicht sitzen, um glücklich zu sein. Wir können ebenso glücklich sein, wenn wir den Boden putzen. Stellen Sie sich vor, Sie hätten kein Heim. Es gibt viele Menschen, die kein Zuhause haben, das sie säubern können. Doch Sie haben eins. Sie fühlen sich glücklich, einen Boden zu haben, den Sie putzen können. Kochen,

Fegen, Staubsaugen und Putzen können uns wirklich glücklich machen.

Manche Menschen denken: »Wie kann es mich glücklich machen, ein Klo zu putzen?« Doch wir können uns glücklich über eine Toilette schätzen, die wir putzen können. Als ich Novize in Vietnam war, hatten wir keine Toilette. Ich lebte mit hundert Menschen in einem Tempel, und wir hatten keine Toilette, aber wir haben damit gelebt. Der Tempel war von Büschen und kleinen Hügeln umgeben, und so gingen wir einfach in die Büsche. Es gab dort auch kein Toilettenpapier, daher nahmen wir getrocknete Bananenblätter oder hofften unterwegs, tatsächlich auch ein paar Blätter zu finden. Auch in meinem Elternhaus hatten wir, vor meiner Zeit als Mönch, keine Toilette. Es gab damals nur wenige Menschen, die reich genug waren, sich eine leisten zu können. Alle anderen mussten in die Reisfelder gehen oder sich in die Berge verziehen. Um die fünfundzwanzig Millionen Menschen lebten damals in Vietnam, die meisten ohne Toilette. Verfügen wir also über eine Toilette, die wir putzen können, sollte das ausreichen, um uns glücklich zu machen.

Jede Art von Hausarbeit ist eine Gelegenheit, Bewusstheit und Dankbarkeit zu praktizieren. Kochen wird zu einer Quelle des Glücks, denn uns wird bewusst, dass wir eine Küche haben, wir haben einen Ofen und Lebensmittel, die wir zubereiten können und die uns nähren.

Einer der Gründe dafür, dass wir uns an diesen Aktivitäten nicht so erfreuen, wie wir könnten, ist vielleicht unsere Vorstellung, Tätigkeiten müssten aufregend sein, damit wir sie genießen können. Viele Menschen verwechseln Freude und Glück mit Aufregung und immer neuen Reizen. Doch Aufregung ist etwas anderes als

Glück. Freude und Glück schenken uns ein Gefühl der Zufriedenheit, eine Zufriedenheit, im Hier und Jetzt zu sein und zu erkennen, wie viele Bedingungen zum Glücklichsein es im gegenwärtigen Moment gibt, ob wir nun sitzen, gehen, stehen oder arbeiten. Wissen Sie aber darum, sind Sie in der Lage, jederzeit glücklich zu sein. Erinnern Sie andere durch Ihre Achtsamkeit daran. Vielleicht werden auch sie dann das Kochen und Saubermachen genießen. Diese Tätigkeiten werden noch angenehmer, wenn wir ihnen gemeinsam nachgehen.

5

Eine neue Weise des Arbeitens

In vielen westlichen Ländern wird der Wettbewerb als die einzige Möglichkeit zum Erfolg angesehen. Wir glauben, wir hätten Macht, wenn wir uns konkurrierend verhielten, und meinen, wir seien nur dann erfolgreich, wenn andere scheitern. Doch wenn der eine gewinnt, wird ein anderer verlieren und leiden. Das ist Wettbewerb. Wir vergleichen uns mit anderen: »Ich bin besser als du.« Diese Art des Denkens wird aber nur unser voreingenommenes, unterscheidendes Denken und unseren Überlegenheits-, Unterlegenheits- oder Gleichheitskomplex stärken. Verlieren wir, leiden wir, weil wir glauben, jemand anderes sei besser als wir. Doch schauen wir in die Tiefe, erkennen wir, dass ein solches Denken auf der falschen Unterscheidung zwischen dem Selbst und anderen beruht. Wenn wir weiter in dieser Weise denken, wird uns das zur Selbstzerstörung führen.

Es ist ganz klar, dass es in Konkurrenz und Wettbewerb letztlich keine Gewinner geben kann. Die, die unbedingt die Besten und an der Spitze sein wollen, müssen schwer arbeiten, um dorthin zu kommen, und währenddessen leiden sie. Sind Sie an der Spitze angelangt, müssen sie sich weiter anstrengen, um sich dort halten zu können, und oft haben sie mit enormem Stress und Burnout zu kämpfen. Wenn wir so weitermachen, bewegen wir uns nicht nur auf die Selbstzerstörung, sondern auch auf die Vernichtung unseres Planeten zu. Darum müssen wir aufwachen; wir brauchen ein großes kollektives Erwachen, um den Kurs unserer Zivilisation zu ändern, sonst werden wir uns gegenseitig und die natürlichen Ressourcen der Erde zerstören. In diesem Wettbewerb kann es keine Gewinner und Sieger geben. Alle werden verlieren. Zwischen dem Selbst und anderen zu unterscheiden ist die Ursache von sehr viel Leid. Die Weisheit der Nicht-Unterscheidung und die Einsicht in unser aller Intersein, unsere wechselseitige Verbundenheit, kann uns zu dem Verständnis verhelfen, dass Sie in mir sind und ich in Ihnen.

Als ich zum Novizen ordiniert wurde, zeigte mir mein Lehrer, wie ich mich vor dem Buddha verbeugen sollte. Wir rezitierten dabei einen Vers. »Derjenige, der sich verbeugt, und der, vor dem sich verbeugt wird, sind beide von Natur aus leer.« Das bedeutet, sie sind leer von einem eigenständigen, abgetrennten Selbst. Wir sollten nicht stolz sein. Ich bestehe aus Nicht-Ich-Elementen, so zum Beispiel auch Ihnen. Und auch Sie bestehen aus Nicht-Ich-Elementen, wie zum Beispiel mir. Konkurrieren Sie also mit anderen, konkurrieren Sie letztlich mit sich selbst.

Das bedeutet nicht, dass wir alle gleich wären. Wenn wir eine Blume betrachten, sehen wir die Blume in verschiedener Weise, auch wenn wir das gleiche Objekt anschauen. Jeder von uns sieht anders. Wir sollten nicht anstreben, dass andere so denken oder handeln wie wir. Was wir dagegen anstreben sollten, ist ein produktives Denken, das zu mehr Verstehen und Mitgefühl führt und Frieden fördert. Wir alle wollen mehr Freude, Frieden und Freiheit. Es mag unterschiedlich sein, wie wir das zu erreichen suchen, aber wir sollten dabei nicht miteinander in Konkurrenz treten. Diese Qualitäten sind uns nur zugänglich, wenn wir zusammenarbeiten, unserer individuellen Art entsprechend, als Teile des Ganzen.

Drei Formen der Macht

Viele von uns glauben, dass wir, hätten wir nur genügend Macht, tun und lassen könnten, was wir wollten, und dadurch sehr glücklich würden. Tatsächlich verfügen etliche von uns über eine gewisse Macht, aber da wir nicht mit ihr umzugehen wissen, missbrauchen wir sie und schaffen dadurch uns und den Menschen in unserem Umfeld Leid. Geld ist eine Form der Macht. Ruhm ist eine Form der Macht. Waffen sind eine Form der Macht. Eine starke Armee ist eine Form der Macht. Viel Leid in der Welt rührt daher, dass Menschen ihre Macht missbrauchen. Sie tun das, weil sie nicht über die Macht verfügen, sie selbst zu sein.

In der buddhistischen Tradition sprechen wir von den drei Formen oder Arten der Macht. Sie unterscheiden sich beträchtlich von der Macht des Ruhms, Reichtums und der Konkurrenz. Doch können sie einen Menschen glücklich machen. Verfügen Sie über diese drei Arten der Macht, werden die anderen Formen der Macht wie Geld, Ruhm, Waffen oder eine Armee zu haben niemals destruktiv sein.

Die erste Form der Macht: Verstehen

Die erste Form der Macht ist die Macht des Verstehens. Wir sollten diese Macht entwickeln, um unser Leiden und das der anderen zu verstehen. Durch dieses Verstehen entsteht Mitgefühl, das unser eigenes Leiden mindert. Wir sind dann nicht länger wütend oder ärgerlich, wollen niemanden mehr bestrafen. Verstehen ist eine große Kraft. Aus ihr erwächst Mitgefühl.

Verfügen Sie über ausreichendes Verstehen, mindert das all Ihre Angst, Wut und Verzweiflung. Verstehen bedeutet die Wurzeln des Leidens verstehen, in sich selbst, in anderen und in der Welt. Um es zu entwickeln, nutzen wir die Energie der Achtsamkeit und Konzentration und schauen tief in die Natur unseres Leidens hinein. Im Buddhismus sprechen wir nicht von Erlösung als einem Ausdruck von Gnade, sondern betrachten Erlösung als einen Ausdruck von Verstehen. Verstehen ist wie ein Schwert, das die Bedrängnis der Wut, Angst und Verzweiflung durchtrennt.

Die zweite Form der Macht: Liebe

Schüttet man eine Handvoll Salz in eine Schale mit Wasser und rührt das Ganze um, wird das Wasser danach zum Trinken viel zu salzig sein. Wirft man die gleiche Menge Salz in einen Strom, reicht diese Menge bei weitem nicht aus, um den Salzgehalt des Wassers wesentlich zu erhöhen. Die Macht der Liebe ist wie ein solcher Strom. Wenn unser Herz sich immer mehr weitet, ist dort Platz für alle. Ist unser Herz voller Liebe, so sind leichte Anflüge von Ärger wie die Handvoll Salz, die in das Wasser des Stroms geschüttet wird. Sie stören und beeinträchtigen uns nicht, und wir leiden deswegen nicht mehr.

Die Energie der Liebe kann sowohl Sie als auch die Menschen in Ihrem Umfeld, denen es nicht gutgeht, befreien. Es gibt zwei Möglichkeiten, wie Sie auf zwischenmenschliche Probleme reagieren können. Bei der ersten verspüren Sie den Wunsch, den anderen, den Sie als Verursacher Ihres Leids sehen, zu bestrafen. Sie halten sich für das Opfer eines anderen Menschen und Sie möchten ihn, der es gewagt hat, Ihnen Leid zuzufügen, bestrafen oder sich an ihm rächen. Doch wenn Sie das tun, wird natürlich die andere Person ihrerseits Sie für das nun ihr zugefügte Leid bestrafen und sich an Ihnen rächen wollen. Und so eskaliert die Situation. Doch es gibt auch eine andere Reaktionsmöglichkeit. Sie reagieren auf Leidvolles mit der Macht und Kraft der Liebe. Betrachten Sie das tiefergehend, erkennen Sie, dass der Mensch, der Ihnen Leid zufügte, selbst ebenfalls sehr leidet. Er leidet aufgrund seiner falschen Wahrnehmungen, seiner Wut, seines Ärgers oder seiner Angst. Er weiß nicht, wie er mit dem eigenen Leid umgehen kann. Wenn ihm niemand mit Liebe und Verständnis begegnet, wird er zum Opfer des eigenen Leids. Mit den Augen der Liebe tief schauend, werden Sie dessen gewahr, und Mitgefühl wird in Ihrem Herzen geboren. Wenn das geschieht, werden Sie selbst nicht mehr leiden, und zugleich lindern Sie das Leid des anderen.

Die dritte Form der Macht: Loslassen

Die dritte Form der Macht beinhaltet die Kraft, sich von Begierde, Wut, Angst und Verzweiflung zu lösen und sie loszulassen. Haben Sie die Kraft, all diese Bedrängnisse abzuschneiden, werden Sie ein freier Mensch – es gibt keine größere Macht als diese. Als freier Mensch können Sie vielen Menschen helfen, weniger zu leiden.

Wir alle tragen die Energie der Begierde und des Verlangens in uns, doch können wir die nötige Stärke entwickeln, um diese Energie zu durchschneiden. Wir wissen, dass das Objekt unseres Verlangens uns selbst und den Menschen in unserem Umfeld sehr viel Leid gebracht hat. Achtsamkeit, Konzentration und Verstehen befähigen uns, unser Anhaften an diese Art des Leids zu überwinden.

Anfangs glauben Sie vielleicht, dass das Objekt Ihres Verlangens für Ihr Wohlergehen und Ihr Glück entscheidend sei. Sie räumen Ihren Begierden Macht über sich ein. Doch bei tieferer Betrachtung werden Sie erkennen, dass die Objekte Ihres Verlangens keine wirklichen Bedingungen für Ihr Glücklichsein sind. Können Sie das sehen und die Macht der Liebe und des Verstehens kultivieren, dann sind Sie wirklich mächtig.

Die drei Formen der Macht im Geschäftsleben

Andere Formen der Macht – wie Geld, Ruhm, Sex und Wohlstand – können Sie zum Opfer machen und Sie dazu bringen, Menschen zu verletzen. Doch durch die drei Arten der Macht – Liebe, Verstehen und Loslassen – wird Ihnen nie Leid zugefügt und auch andere Menschen werden darunter nie leiden. Diese drei Formen oder Arten wirklicher Macht werden Sie nur glücklich machen und Sie dabei unterstützen, Glück für andere zu schaffen. In welchem Beruf Sie auch immer tätig sein mögen: Jeder Tag gibt Ihnen die Möglichkeit, die Form der Macht zu kultivieren, die Sie Leidvolles verstehen lässt, ebenso wie die Macht, die im Annehmen, Lieben und Vergeben liegt, und jene, durch die Sie Bedrängnisse abschneiden können.

Angenommen, Sie sind Geschäftsführer in einem Unternehmen und Sie wollen erfolgreich sein. Wenn Sie wissen, wie Sie die oben beschriebenen drei Formen der Macht kultivieren können, werden Sie niemals die Formen der Macht, die Sie in Händen haben, missbrauchen, ob es sich nun um Geld, Ruhm oder andere Ressourcen handelt. Sie werden nicht länger strafen oder zerstören wollen. Sie werden wissen, wie Sie Ihr Unternehmen führen und dabei die Umwelt und alle Lebewesen schützen können. Sie werden Ihre Macht nicht missbrauchen.

Wenn Sie mit den oben beschriebenen drei Arten oder Formen der Macht praktizieren und gleichzeitig ein finanziell erfolgreiches Unternehmen betreiben wollen, ist es als Erstes wichtig, dass Sie sich sich selbst zuwenden. Wollen Sie weit kommen und Ihre Träume verwirklichen, müssen Sie zunächst einmal lernen, sich um sich selbst zu kümmern. Wir alle sollten uns in der Kunst des achtsamen Atmens und achtsamen Gehens üben, um unseren Geist zurück zu unserem Körper zu bringen. Durch die Achtsamkeitspraxis werden wir uns von unseren Sorgen und Ängsten über die Zukunft befreien können wie auch von Reuegedanken über Vergangenes. Mit der Energie der Achtsamkeit und Konzentration können wir unserem eigenen Leiden lauschen und es transformieren.

Wir sind nur dann imstande, unserer Firma wirklich zu helfen, wenn wir in uns Harmonie, Liebe und Glück verankert haben. Vielleicht gibt es in Ihrer Firma viele Missverständnisse, Enttäuschung und Ärger, vielleicht leiden auch die Abteilungsleiter und Mitarbeiter. Sind Sie innerlich nicht glücklich und unbeschwert, können Sie in Ihrer Firma oder Ihrem Unternehmen nicht glücklich und erfolgreich arbeiten. Kultivieren Sie die Kraft des Mitgefühls und des Verstehens, dann werden Sie in der Lage sein, allen Firmenangehörigen mit Mitgefühl,

Liebe und Verständnis zuzuhören und ihnen dabei zu helfen, weniger zu leiden. Ein guter Geschäftsführer oder eine kompetente leitende Angestellte nimmt sich die Zeit, mit anderen zusammenzusitzen und ihnen zuzuhören. Wenn andere sich von Ihnen verstanden und unterstützt fühlen, werden Sie zu Ihren Verbündeten und sind nicht einfach nur Mitarbeiter. Die Zeit, die Sie anderen zuhören, ist keine verlorene Zeit. Sie macht aus Ihrer Firma mehr als einen Geschäftsbetrieb – etwas Wundervolles, das Sie und all Ihre Angestellten wirklich nährt.

Glück und Profit in ein Gleichgewicht bringen: vier Geschäftsmodelle

Ich bin davon überzeugt, dass es für Firmen, unsere Wirtschaft und unsere Gesellschaft möglich ist, sich mehr auf Glück und Wohlergehen auszurichten und nicht nur auf den Profit. In Plum Village konzentrieren wir uns auf unser Glück. Darum nehmen wir uns viel Zeit, um auf uns selbst achtzugeben, und diese Zeit brauchen wir auch, denn wir wissen, dass wir uns nur dann gut um andere kümmern können, wenn wir uns gut um uns selbst kümmern. Würden wir uns nicht auf unser Glück konzentrieren, sondern nur auf materiellen Gewinn, dann wäre Leiden das Resultat.

Sich auf Glück auszurichten ist im Geschäftsleben wichtig und ein Modell der Geschäftsführung. Doch braucht ein Unternehmen auch Einnahmen. Wir können ein Geschäft so führen, dass wir viel Wert auf das Glücklichsein legen und zugleich auf den Gewinn achten. Es gibt ein drittes Modell, bei dem es nur um den Profit und nicht um das Glück geht. In manchen Firmen findet sich weder Glück noch Gewinn. Solche Firmen werden aber nicht lange überleben! Wir können bei unseren Geschäften große Gewinne machen, doch unser Glück sollten wir dem nicht opfern. Wir sollten von Geschäften, bei denen es nur um Profit, nicht aber um Glück geht, Abstand nehmen, denn durch sie zerstören wir uns, unsere Umwelt, unser Glück und das anderer Lebewesen. Richten wir uns aber auf die drei Formen oder Arten der Macht Verstehen, Liebe und Loslassen aus, wird Glück die natürliche Folge sein. Profit mag es auch geben, aber niemals auf Kosten des Glücks.

Eine neue Arbeitsethik

Als Individuum haben Sie vielleicht Ihren eigenen Verhaltenskodex, nach dem Sie leben. Möglicherweise hat sich auch Ihre Familie oder haben sich Ihre Kolleginnen und Kollegen auf ethische Richtlinien oder auf gewisse Praktiken verständigt, an denen sie sich als Gemeinschaft orientieren. Sie haben sich unter Umständen darauf geeinigt, still vor den Mahlzeiten oder vor Besprechungen zusammenzusitzen. Vielleicht haben sie auch die Übereinkunft getroffen, dass sie sich bei empfundenem Ärger zunächst einmal beruhigen, bevor sie mit dem Auslöser ihres Ärgers sprechen. Solche Verabredungen bedeuten Schutz und Nahrung für Sie, Ihre Familie und die Menschen, mit denen Sie zusammenarbeiten.

Damit ein Arbeitsbereich gut funktioniert, muss es einen Verhaltenskodex geben, den alle Beteiligten akzeptieren. Auch wenn Sie in einer leitenden Position tätig sind und andere zu beaufsichtigen haben, bedeutet das nicht, dass Sie einfach Befehle erteilen oder Regeln schaffen und Ihre Mitarbeiterinnen und Mitarbeiter drängen sollten, sie zu befolgen. Wenn Sie sich auf Machtkämpfe solcher Art einlassen, werden Sie nie als ein Organismus, als eine Gemeinschaft zusammenfinden und Sie werden keine glückliche oder harmonische Arbeitsatmosphäre erleben. Als Lehrer nutze ich meine Autorität nicht dazu, meine Schülerinnen und Schüler dazu zu bringen, das zu tun, was ich will. Autorität so einzusetzen funktioniert nicht. Stattdessen setze ich mich mit ihnen zusammen und versuche, sie darin zu unterstützen, einzusehen, dass Ihr negatives Sprechen, Verhalten oder Tun weder sie selbst noch die Gemeinschaft glücklich macht.

Verstehen ist die Grundlage der Liebe. Wenn Sie nicht die Schwierigkeiten und Probleme, den Schmerz, das Leiden und die tiefsten Sehnsüchte anderer verstehen, werden Sie sich nicht gut um sie kümmern und sie nicht glücklich machen können. Darum ist Verstehen Liebe. Nehmen Sie sich ausreichend Zeit, um die Wurzeln Ihres eigenen Leidens, Ihres Schmerzes und Kummers zu verstehen? Können Sie sich selbst mitfühlend begegnen? Wenn nicht, wie können Sie dann anderen mit Verstehen und Mitgefühl entgegentreten? Die Entwicklung von Mitgefühl und Verstehen kann einen Verhaltenskodex am Arbeitsplatz fördern, der zu einer harmonischen, glücklichen und friedvollen Atmosphäre beiträgt.

Treten Sie eine neue Stelle an, werden Sie Teil einer

bereits bestehenden Arbeitskultur. Diese mag Respekt gegenüber anderen und ihren Ideen beinhalten oder sie mag respektlos sein. Vielleicht fühlt sich auch niemand verantwortlich für die vorherrschende Arbeitskultur, wie immer sie sei, oder sie wird für unveränderbar gehalten. Doch das stimmt nicht. Achtsamkeit gibt uns die Gelegenheit, darüber nachzudenken, wie wir mit anderen Menschen zusammenarbeiten wollen und wie wir uns an unserem Arbeitsplatz ethische Richtlinien schaffen können. Sobald wir einander als Menschen sehen, erkennen wir, dass wir Ziele, Hoffnungen und moralische Grundsätze haben, die wir miteinander teilen.

Die Fünf Achtsamkeitsübungen praktizieren

In Plum Village haben wir die Fünf Achtsamkeitsübungen entwickelt, die unsere Vision einer globalen Spiritualität und Ethik zum Ausdruck bringen. Sie basieren nicht auf den Geboten irgendeiner Religion, sondern auf einer Vorstellung davon, was für uns alle gesund und glückbringend ist. Die Fünf Achtsamkeitsübungen sind für unsere heutige Arbeitswelt sehr wichtig – sie können auch als Grundlage einer Arbeitsethik in Ihrem Unternehmen dienen. Wenn Sie diesen Richtlinien folgen, werden Sie damit nicht nur zu Ihrem eigenen Glück und Wohlbefinden beitragen, sondern auch zu dem der Menschen in Ihrem Arbeitsbereich und all derer, mit denen Sie zu tun haben – und das wird sich in der ganzen Welt positiv auswirken.

Die erste Achtsamkeitsübung beinhaltet, das Leben zu bewahren und zu schützen. Die zweite Achtsamkeitsübung ist die Übung wahren Glücks – eine Art des Glücks, die weder Sie noch die Umwelt zerstört. In der dritten Achtsamkeitsübung geht es um wahre Liebe. Wahre Liebe ist eine Liebe, die nur Freude und Glück schafft. Die vierte Achtsamkeitsübung umfasst die Praxis des tiefen Zuhörens und liebevollen Sprechens zur Verbesserung der Kommunikation. Bei der fünften Achtsamkeitsübung geht es um die Praxis des achtsamen Konsumierens. Wir üben uns darin, so zu konsumieren, dass wir uns selbst, alle Lebewesen und Pflanzen und unseren Planeten erhalten.

Die Fünf Achtsamkeitsübungen

Ehrfurcht vor dem Leben
Die erste Achtsamkeitsübung

Im Bewusstsein des Leidens, das durch die Zerstörung von Leben entsteht, bin ich entschlossen, Mitgefühl und Einsicht in das Intersein zu entwickeln und Wege zu erlernen, das Leben von Menschen, Tieren, Pflanzen und unserer Erde zu schützen. Ich bin entschlossen, nicht zu töten, es nicht zuzulassen, dass andere töten, und keine Form des Tötens zu unterstützen, weder in der Welt noch in meinem Denken oder in meiner Lebensweise.

Im Wissen, dass schädliche Handlungen aus Ärger, Angst, Gier und Intoleranz entstehen, die ihrerseits dualistischem und diskriminierendem Denken entspringen, werde ich mich in Unvoreingenommenheit und Nicht-Festhalten an Ansichten üben, um Gewalt, Fanatismus und Dogmatismus in mir selbst und in der Welt zu transformieren.

Wahres Glück
Die zweite Achtsamkeitsübung

Im Bewusstsein des Leidens, das durch Ausbeutung, soziale Ungerechtigkeit, Diebstahl und Unterdrückung entsteht, bin ich entschlossen, Großzügigkeit in meinem Denken, Reden und Handeln zu praktizieren. Ich bin entschlossen, nicht zu stehlen und nichts zu besitzen, was anderen zusteht. Ich werde meine Zeit, Energie und materiellen Mittel mit denen teilen, die sie brauchen. Ich werde mich in tiefem Schauen üben, um zu erkennen, dass das Glück und das Leiden anderer nicht getrennt sind von meinem Glück und meinem Leiden, dass wahres Glück nur möglich ist mit Verstehen und Mitgefühl und dass es viel Leiden und Verzweiflung bringen kann, hinter Reichtum, Ruhm, Macht und sinnlichem Vergnügen herzujagen. Ich bin mir bewusst, dass Glücklichsein von meiner geistigen Haltung und nicht von äußeren Umständen abhängig ist und dass ich glücklich im gegenwärtigen Augenblick leben kann, indem ich mich daran erinnere, dass ich bereits mehr als genug Bedingungen habe, um glücklich zu sein. Ich bin entschlossen, »Rechten Lebenserwerb« zu praktizieren, um so dazu beizutragen, das Leiden der Lebewesen auf dieser Erde zu verringern und den Prozess der globalen Erwärmung umzukehren.

Wahre Liebe
Die dritte Achtsamkeitsübung

Im Bewusstsein des Leidens, das durch sexuelles Fehlverhalten entsteht, bin ich entschlossen, Verantwortungsgefühl zu entwickeln und Wege zu erlernen, die Sicherheit und Integrität von Individuen, Paaren, Familien und der Gesellschaft zu schützen. Im Wissen, dass sexuelles Verlangen nicht Liebe ist und dass sexuelles Handeln, das durch Begierde motiviert ist, immer sowohl mir als auch anderen schadet, bin ich entschlossen, keine sexuelle Beziehung einzugehen ohne wahre Liebe und die Bereitschaft zu einer tiefen, langfristigen und verantwortlichen Bindung, von der meine Familie und meine Freunde wissen.

Ich werde alles tun, was in meiner Macht steht, um Kinder vor sexuellem Missbrauch zu schützen und um zu verhindern, dass Paare oder Familien durch sexuelles Fehlverhalten auseinanderbrechen. In dem Bewusstsein, dass Körper und Geist eins sind, bin ich entschlossen, geeignete Wege zu erlernen, um gut mit meiner sexuellen Energie umzugehen und die vier grundlegenden Elemente wahrer Liebe – liebevolle Güte, Mitgefühl, Freude und Unvoreingenommenheit – zu entwickeln, so dass mein eigenes Glück und das Glück von anderen wachsen können. Indem wir wahre Liebe üben, werden wir auf sehr schöne Weise in die Zukunft fortbestehen.

Liebevolles Sprechen und tiefes Zuhören
Die vierte Achtsamkeitsübung

Im Bewusstsein des Leidens, das durch unachtsame Rede und aus der Unfähigkeit, anderen zuzuhören, entsteht, bin ich entschlossen, liebevolles Sprechen und mitfühlendes Zuhören zu üben, um Leiden zu lindern und Versöhnung und Frieden in mir und zwischen anderen Menschen, ethnischen und religiösen Gruppen und Nationen zu fördern. Im Wissen, dass Worte sowohl Glück als auch Leiden hervorrufen können, bin ich entschlossen, wahrhaftig zu sprechen und Worte zu gebrauchen, die Vertrauen, Freude und Hoffnung wecken. Wenn Ärger in mir aufsteigt, bin ich entschlossen, nicht zu sprechen. Ich werde achtsames Atmen und Gehen praktizieren, um meinen Ärger zu erkennen und tief in seine Wurzeln zu schauen, besonders in meine falschen Wahrnehmungen und mein fehlendes Verständnis für mein eigenes Leiden und das der anderen Person. Ich werde in einer Weise sprechen und zuhören, die mir und dem anderen helfen kann, Leiden zu transformieren und einen Weg aus schwierigen Situationen zu finden. Ich bin entschlossen, keine Nachrichten zu verbreiten, wenn ich nicht sicher bin, dass sie der Wahrheit entsprechen, und Äußerungen zu unterlassen, die Trennung oder Uneinigkeit verursachen können. Ich werde »Rechtes Bemühen« praktizieren, um meine Fähigkeit zu Liebe, Verstehen, Freude und Unvoreingenommenheit zu nähren und um allmählich Ärger, Gewalt und Angst, die tief in meinem Bewusstsein liegen, zu verwandeln.

Nahrung und Heilung
Die fünfte Achtsamkeitsübung

Im Bewusstsein des Leidens, das durch unachtsamen Konsum entsteht, bin ich entschlossen, auf körperliche und geistige Gesundheit für mich selbst, meine Familie und meine Gesellschaft zu achten, indem ich achtsames Essen, Trinken und Konsumieren praktiziere. Ich werde mich darin üben, tief zu schauen, um meinen Konsum und meinen Umgang mit den vier Arten von Nahrung – Essbarem, Sinneseindrücken, Willenskraft und Bewusstsein – zu erkennen. Ich bin entschlossen, weder Alkohol noch Drogen oder andere Dinge zu benutzen, die Gifte enthalten, wie zum Beispiel bestimmte Internetseiten, Glücksspiele, elektronische Spiele, Fernsehsendungen, Filme, Zeitschriften, Bücher oder Gespräche. Ich werde mich darin üben, zum gegenwärtigen Augenblick zurückzukommen, um mit den erfrischenden, heilenden und nährenden Elementen in mir und um mich herum in Berührung zu sein. So lasse ich mich weder von Bedauern und Kummer in die Vergangenheit ziehen noch von Sorgen, Angst oder Begierden aus dem gegenwärtigen Augenblick bringen. Ich bin entschlossen, nicht zu versuchen, Einsamkeit, Angst oder anderes Leiden zu überdecken, indem ich mich im Konsum verliere. Ich werde das Intersein tief betrachten und auf eine Weise konsumieren, die Frieden, Freude und Wohlergehen sowohl in meinem Körper und Bewusstsein als auch im kollektiven Körper und Bewusstsein meiner Familie, meiner Gesellschaft und unserer Erde bewahrt.

Sie sollten die Fünf Achtsamkeitsübungen gemeinsam mit Ihren Kolleginnen und Kollegen am Arbeitsplatz, in der Schule, im Geschäft oder in der Firma so an Ihre

Erfordernisse anpassen, dass sie zur Grundlage Ihres ethischen Verhaltens im Beruf werden. Sie können diesen Übungen auch alleine oder als Familie folgen. Die Übungen basieren alle auf der Einsicht in Intersein. Intersein bedeutet, dass nichts aus sich selbst heraus existieren kann. Alles ist *mit* allem anderen; alles ist *in* allem anderen. Alles »inter-ist«. Sie existieren mit allem anderen; Sie inter-sind mit allem anderen.

Schauen wir eine Rose genau an. Tun wir dies mit etwas Konzentration und Achtsamkeit, erkennen wir, dass die Rose nur aus Nicht-Rose-Elementen besteht. Was sehen wir in der Rose? Wir sehen eine Wolke, denn wir wissen, dass es ohne Wolke keinen Regen gäbe, und ohne Regen könnte die Rose nicht wachsen. Die Wolke ist ein Nicht-Rose-Element, das wir erkennen, wenn wir tief in die Rose hineinschauen. Als Nächstes sehen wir den Sonnenschein, der für das Wachstum der Rose genauso entscheidend ist. Der Sonnenschein ist ein weiteres Nicht-Rose-Element, das in der Rose gegenwärtig ist. Würden Sie Sonnenschein und Wolke aus der Rose entfernen, hätten Sie nicht länger eine Rose. Fahren wir in dieser Weise fort, sehen wir viele weitere Nicht-Rose-Elemente in der Rose, einschließlich Mineralien, Erde, des Gärtners und so weiter. Der gesamte Kosmos ist zusammengekommen, um jenes Wunder zu schaffen, das wir Rose nennen. Eine Rose kann nicht durch sich selbst sein; eine Rose muss mit dem gesamten Kosmos intersein. Das ist das Wissen um Intersein.

Glück ist auch eine Art Rose. Glück besteht nur aus Nicht-Glück-Elementen. Wenn Sie versuchen, alle Nicht-Glück-Elemente – wie Leid, Schmerz, Kummer, Verzweiflung – loszuwerden, werden Sie nie glücklich sein. Ähnlich brauchen Sie den Schlamm, wenn Sie eine Lotosblume wachsen lassen wollen. Schauen Sie tief in den Schlamm hinein, werden Sie den Schlamm erkennen. Lotos wächst nicht aus Marmor. Ein Lotos besteht nur aus Nicht-Lotos-Elementen wie Schlamm, genauso wie Glück nur aus Nicht-Glück-Elementen besteht. Das ist die Natur des Interseins. Alles ist in allem anderen enthalten. Daher können wir gar nicht ein Ding behalten und das andere loswerden.

Glück ist keine individuelle Angelegenheit. Ist ein Mensch wirklich glücklich, wird das, vorausgesetzt, es handelt sich um wahres Glück, eine Wirkung auf andere haben, genauso wie ein Baum auf die ihn umgebende Welt einen positiven Effekt hat. Ein gesunder, aufrechter, schöner Baum beeinflusst die ganze Welt positiv, auch wenn er sonst nichts tut, außer gesund und aufrecht da zu sein. Das gilt auch für Menschen. Ist jemand glücklich, wirkt das ansteckend auf die Menschen in seinem Umfeld. Darum gehört Glück auch an den Arbeitsplatz. Unser Glücklichsein strahlt auf die Arbeit und unsere Kolleginnen und Kollegen aus. Wir sind nicht voneinander getrennt.

In welchem Beruf Sie auch immer tätig sein mögen, vielleicht haben Sie die Möglichkeit, im Team darüber nachzudenken und sich auszutauschen, wie Sie an Ihrem Arbeitsplatz für mehr wahres Glück sorgen können. Wir müssen uns dazu auch die Frage stellen: »Was ist wahres Glück?« Wenn es in Ihrem Arbeitsbereich keinen Gemeinschaftssinn gibt, keine harmonische Zusammenarbeit zum Wohle aller, dann wird auch niemand glücklich sein, selbst wenn er über viel Macht oder Geld verfügt. Wenn wir darum wissen, können wir gemeinsam darüber nachsinnen, wie wir unsere Arbeit so tun, unsere Firma so führen können, dass in unserem täglichen Leben wahres Glück, wahre Liebe und wirklicher Frieden möglich werden.

Wir haben genug

Vielleicht haben Sie einen Beruf, der Ihnen gefällt, doch Sie finden die Leute schwierig, mit denen Sie zusammenarbeiten. Oder Sie haben das Gefühl, dass die Arbeit, die Sie tun, weder für Sie persönlich noch für andere Menschen noch für die Umwelt nutzbringend ist; trotzdem mag es gute Gründe für Sie geben, den Job weiterzumachen, zumindest fürs Erste. Wie Ihre Situation auch aussehen mag, es ist immer möglich, bei der Arbeit glücklich zu sein, genau jetzt. Sie müssen dafür nicht auf die Zukunft warten. Ihr achtsames Atmen, die bewusst gesetzten Schritte und eine wachsende Gemeinschaft von Menschen, mit denen Sie auf diese Weise praktizieren – all das schafft den Rahmen für Glück.

Wir neigen zu der Annahme, nicht genügend Voraussetzungen zu haben, um in unserem Leben glücklich zu sein, und hoffen, dass es davon in der Zukunft mehr geben wird. Doch wenn wir uns dem Hier und Jetzt zuwenden und achtsam die Bedingungen für Glück und Freude erkennen, die bereits existieren, sehen wir, dass wir jetzt schon mehr als genug haben, um glücklich und freudvoll zu sein.

Sind Sie sich des Sonnenscheins nicht bewusst, leben Sie immer im Dunkeln. Achtsamkeit hilft Ihnen zu sehen, dass die Sonne scheint! Wie wundervoll. Es gibt sanft geschwungene Hügel. Es gibt Vögel und Bäume. Unser Planet ist so wunderschön. Achtsamkeit lässt mich erkennen, dass ich einen Körper habe. Ich bin lebendig. Ich kann sehen. Ich habe Lungen und kann atmen. Meine Füße und Beine sind stark genug, dass ich gehen und laufen kann. Uns stehen so viele Bedingungen des Glücks

zur Verfügung. Wenn wir sie in einer Liste aufschreiben
würden, reichte eine Seite nicht aus, ebenso wenig wie
zwei Seiten oder zehn. Wir haben mehr als genug, um
glücklich zu sein.

Drei Wege, unser Glück zu nähren

Es gibt viele Möglichkeiten, wie wir unser Glück zu
Hause oder bei der Arbeit nähren und erhalten können.
Die erste besteht darin, genau hinzuschauen und zu erkennen, dass es in uns und um uns herum bereits viele
Bedingungen gibt, die uns glücklich sein lassen. Unsere
Augen können sehen, unsere Ohren hören und unser
Körper funktioniert noch. Uns umgibt Luft, die wir einatmen können, über uns ist ein wunderschöner Himmel – wir müssen einfach nur wirklich gegenwärtig sein
im Hier und Jetzt, um all das zu sehen. Erkennen wir die
vielen Voraussetzungen zum Glücklichsein, die wir bereits haben, so ist das ein Weg, Glück zu schaffen.

Bei der zweiten Methode vergleichen wir unsere gegenwärtige Situation mit vergangenen Situationen, in
denen wir unglücklich waren.

Wir alle haben schwierige, leidvolle Zeiten erlebt,
zum Beispiel wenn ein geliebter oder nahestehender
Mensch starb, einen Unfall hatte oder schwer erkrankte.
In solchen Momenten empfanden wir so viel Leid, dass
es sehr schwierig für uns war, Glück zu fühlen oder zu
schaffen. Selbst wenn das Ereignis in der Vergangenheit
geschah, bleiben uns die Erinnerungen daran und die

Bilder sind noch immer in uns lebendig. Wenn wir diese Bilder in uns wachrufen und mit der gegenwärtigen Situation vergleichen, werden wir klar erkennen, dass es um unsere gegenwärtige Situation weitaus besser bestellt ist. Dieses Gewahrsein lässt sofort ein Gefühl des Glücks in uns entstehen.

Nehmen wir ein Notizbuch mit einem blauen Umschlag und legen darauf ein kleineres weißes Stück Papier, so sehen wir den Farbkontrast. Das blaue Notizbuch repräsentiert unser vergangenes Leid, und das weiße Stück Papier ist unser gegenwärtiges Glück. Vergleichen wir beide, nehmen wir sehr deutlich einen Unterschied wahr und das weiße Papier sieht plötzlich so viel weißer aus – weißer als weiß. Im Vergleich zu unserem vergangenen Leiden können wir die kostbaren Voraussetzungen zum Glücklichsein, die wir jetzt haben, deutlich erkennen. Unser Glück erscheint viel strahlender, wenn wir die vergangene und gegenwärtige Situation miteinander vergleichen.

Die dritte Methode, unser Glück zu nähren, besteht darin, auf den gegenwärtigen Moment ausgerichtet zu bleiben und die Kunst des Lebens sowohl mit der Freude als auch dem Leid zu praktizieren, wobei wir unser Leid annehmen und umarmen und nicht dagegen ankämpfen oder es unterdrücken. Haben wir in der Vergangenheit viel Leid erlitten, kann es uns zur Gewohnheit werden, an dem Leid, dem Schmerz und den Problemen und Schwierigkeiten festzuhalten. Doch wir können uns daran erinnern, nicht in der Vergangenheit zu leben. Wenn Leid in uns aufkommt, entweder weil wir über Vergangenes nachdenken oder wir tatsächlich in der Gegenwart leiden, müssen wir daran nicht haften. Wir können die Achtsamkeit nutzen, um unser Leid anzuerkennen und zu ihm zu sagen: »Ich weiß, dass du da bist, und ich bin da für dich.« Schon diese Worte mindern das Leid. Von uns umfangen beruhigt sich unser Leid, und plötzlich ist da Raum für Freude. Wir müssen unser Leid zärtlich umarmen, so wie eine Mutter ihr schreiendes, weinendes Baby in den Arm nimmt und tröstet. Schenkt die Mutter ihrem weinenden Kind ihre volle Aufmerksamkeit, wird es sich beruhigen. Kämpfen Sie nicht gegen Ihr Leid an, erkennen Sie es einfach nur an und umarmen Sie es – dann können Freude und Glück entstehen.

Diese drei Methoden, Glück zu nähren und zu erhalten, lassen uns erkennen, dass es möglich ist, glücklich zu sein, auch bei der Arbeit. Wir können unseren Kummer, unsere Sorgen loslassen und unser Geist wird klarer und lichter. Wir können uns auf das konzentrieren, was wir heute tun und verwirklichen wollen. Von Ängsten, von Wut oder Leid lassen wir uns nicht besetzen, sondern wir verfolgen unseren Wunsch, unsere Arbeit gut zu verrichten und eine Arbeit zu tun, die sowohl uns als auch unserem Planeten Nutzen bringt.

Rechter Lebenserwerb

Der Buddha bezeichnete den Rechten Lebenserwerb als einen der acht Faktoren, die zum Glück führen. Wie aber wissen wir, ob wir Rechten Lebenserwerb praktizieren? Rechten Lebenserwerb praktizieren bedeutet, einer Arbeit nachzugehen, die unsere Ideale von Mitgefühl und Verstehen nährt. Wir versuchen, uns stets für das zu entscheiden, was uns selbst, anderen Menschen, aber auch Tieren, Pflanzen und dem ganzen Planeten am meisten nutzt und am wenigsten schadet. Selbst wenn das bedeuten mag, eine Arbeit auszuführen, bei der wir weniger Geld verdienen, als wir mit einer anderen verdienen könnten, so wird uns diese Wahl doch glücklicher machen. Rechter Lebenserwerb ist mit der ethischen Frage verbunden, wie wir Wohlergehen schaffen können, nicht nur für uns, sondern für alle, die von unserer Arbeit betroffen sind – sowohl direkt als auch indirekt.

Wie Sie Ihr Leben leben, Ihre Arbeit tun und welche Arbeit Sie ausüben – all das trägt zum kollektiven Erwachen von anderen und der Gesellschaft bei. Wir brauchen ein kollektives Erwachen, damit wir auf der Erde eine Zukunft haben. Fragen Sie sich, wie Ihre Arbeit andere unterstützt. Motiviert Sie der Wunsch, anderen zu helfen, werden Sie bei Ihrer Arbeit viel mehr Freude und Energie haben. Nichts ist mit der Freude vergleichbar, als zu wissen, dass das Leben auf der Erde und Ihr eigener Beitrag dazu schön und hilfreich sind. Es ist wichtig zu erkennen, wie wir unser Glück nähren und erhalten können, und die Art der Arbeit, die wir uns aussuchen, ist ein wesentlicher Faktor für unser Glück. In unserem modernen Wirtschaftsleben gibt es so vieles, was Mensch und Natur schadet; es ist nicht einfach, Rechten Lebenserwerb zu praktizieren. Schauen wir nicht genau hin, was wir tun, können wir großen Schaden anrichten. Die Lebensmittelproduktion ist dafür ein gutes Beispiel. Arbeitet jemand in der industriellen Landwirtschaft, glaubt er oder sie vielleicht, anderen durch den Anbau von Nahrungsmitteln zu helfen. Doch werden in dem Betrieb chemische Giftstoffe eingesetzt, schadet die Arbeit dort möglicherweise Mensch und Umwelt. Will ein Bauer die

Umwelt schonen und weigert sich, solche Düngemittel einzusetzen, mag es für ihn schwierig sein, kommerziell konkurrenzfähig zu bleiben, und es kann für ihn ein schweres Ringen um sein finanzielles Überleben bedeuten. Führt der Bauer erfolgreich einen Biohof, kann es schwierig für ihn sein, wirklich gesunde Lebensmittel zu produzieren, solange auf den Nachbarhöfen Pestizide und Kunstdünger verwendet werden, die Luft, Böden und Wasser verschmutzen. Rechter Lebenserwerb ist keineswegs nur eine persönliche Angelegenheit. Welche Arbeit wir wählen, hat nicht nur auf uns, unsere Familie und die uns Nahestehenden Auswirkungen; unsere Wahl wirkt sich auch auf das Wohl und die Gesundheit unserer Nachbarn und aller anderen auf diesem Globus aus.

Die spirituelle Dimension der Arbeit

Einmal wollte mich ein Mann treffen, und er reiste in einem sehr luxuriösen Auto an. Er erzählte mir, dass er für den Bau nuklearer Sprengköpfe verantwortlich war. Ihn beunruhigte es, einer solchen Arbeit nachzugehen, doch fühlte er sich finanziell für seine Familie verantwortlich und glaubte nicht, seinen Job aufgeben zu können. Zwar ging dieser Ingenieur einer potenziell zerstörerischen Arbeit nach, aber er war ein sehr bewusster Mensch, dem klar war, was er tat. Die Welt braucht achtsame Leute wie ihn, die in solchen Berufen arbeiten. Würde dieser Mann damit aufhören, träte womöglich jemand an seine Stelle, der sich viel weniger der möglichen negativen Konsequenzen seines Tuns bewusst wäre, und das wäre schlimmer. Das Beste wäre, wenn der Mann einen Weg finden könnte, alle Leute, die mit solchen Tätigkeiten befasst sind, dazu zu bringen, damit aufzuhören. Wenn niemand mehr bereit wäre, nukleare Sprengköpfe zu bauen, würden sie nicht mehr hergestellt oder benutzt werden. Unser Ingenieur wusste genau, dass er an seinem gegenwärtigen Arbeitsplatz nicht bis zur Rente bleiben konnte, wenn er sich an dem Frieden erfreuen wollte, der mit einem Rechten Lebenserwerb einhergeht. Er musste eine andere Stelle finden und etwas in diese Richtung unternehmen.

Wie herausfordernd unsere Arbeit auch immer sein mag, ob wir nun Sozialarbeiter, Polizistin, Offizier, Notärztin, Designer, Software-Ingenieurin, Wissenschaftler oder Lehrerin sind – wir alle können Bodhisattvas werden, die ihre Arbeit voller Verstehen und Bewusstheit tun. Ein Rechtsanwalt kann sich in die Fälle mit Mitgefühl und Verständnis vertiefen und seine Rolle als Anwalt in eine Berufung verwandeln. Er kann Verständnis und Versöhnung kultivieren, wodurch Heilung möglich wird, statt sich auf Konflikte und Konfrontationen zu konzentrieren. Eine Rechtsanwältin kann es als ihre Aufgabe begreifen, ihren Klienten dabei zu helfen, tief zu schauen, damit Transformation, Versöhnung und Heilung möglich werden. Natürlich muss die Anwältin ihren Klienten und dessen Fall gut vertreten, doch kann sie gleichzeitig ihr Herz sprechen und ihren Klienten an ihren Einsichten teilhaben lassen, so dass er auch die andere Seite versteht. Wenn die Anwältin sich vor Gericht äußert, kann sie die Samen des Verstehens und Mitgefühls in den Herzen aller Anwesenden, einschließlich des Richters, wachsen lassen. Das ist sehr wichtig. Diese Art

der Praxis wird von vielen wahrgenommen und ge-
schätzt.

Ein achtsamer Politiker hat ebenfalls die Möglichkeit,
seinem Gewissen und seinen unabhängigen Einsichten
gemäß zu handeln. Er ist imstande, achtsam abzustim-
men, unter Umständen in Konflikt mit seiner eigenen
Partei. Doch werden ihn andere Parteimitglieder verstehen, wenn Sie seine Aufrichtigkeit und seinen guten Willen erkennen, und er wird Unterstützung von anderen
erfahren und sich daran erfreuen können. Es ist also sehr
wichtig, dass Sie eine spirituelle Dimension in Ihre Arbeit einfließen lassen. Wir brauchen in unserer Welt
Menschen, die das tun.

Mitverantwortung

Welcher Tätigkeit Sie auch immer nachgehen, Sie reprä-
sentieren tatsächlich uns alle, Sie tun es in unserem Na-
men. Wir sind für das, was Sie tun, mitverantwortlich
und wir werden darunter zu leiden haben, wenn Sie etwas tun, das entweder den Lebewesen oder unserem Planeten schadet. Wenn Sie meinen, in einem Beruf bleiben
zu müssen, der nicht nährend für Sie ist, dann tun Sie es,
aber achtsam. Dank Ihrer Achtsamkeitspraxis wird Ihre
Einsicht wachsen, und Sie werden dadurch entweder
Ihre gegenwärtige Arbeitssituation verbessern können
oder Sie werden Ihre Stelle aufgeben und sich eine neue,
für Sie nährendere suchen. Werden Sie sich Ihres Mitgefühls bewusst und kultivieren Sie es. Werden Sie nicht zu

einer Maschine oder leben Sie im Autopilot-Modus – bleiben Sie ein menschliches Wesen und halten Sie Ihr Mitgefühl lebendig.

Angenommen, ich finde Freude in meiner Arbeit als Schullehrer, der in den Kindern Liebe und Verstehen nährt. Ich würde Einwände dagegen erheben, wenn mich jemand bäte, mit dem Lehren aufzuhören und zum Beispiel Schlachter zu werden. Doch wenn ich über die Verbundenheit aller Dinge meditiere, kann ich sehen, dass der Schlachter nicht der Einzige ist, der für das Töten von Tieren verantwortlich ist. Er geht seiner Arbeit für uns alle nach, die Fleisch essen. Wir sind für sein Schlachten mitverantwortlich. Vielleicht glauben wir, seine Art des Lebenserwerbs sei schlecht, unsere dagegen wichtig und gut, doch äßen wir kein Fleisch, müsste er nicht töten oder würde er weniger töten. Rechter Lebenserwerb ist eine kollektive Angelegenheit. Der Lebenserwerb eines jeden Menschen wirkt sich auf uns alle aus und umgekehrt. Die Kinder des Schlachters profitieren möglicherweise von meinen Lehren über den Respekt und Schutz des Lebens, während meine Kinder eine Mitverantwortung dafür tragen, welche Auswirkungen die Berufswahl des Schlachters hat.

Jeder Blick auf den Rechten Lebenserwerb zieht mehr nach sich als nur ein Untersuchen der Situation, wie wir unser Geld verdienen. Unser eigenes Leben und unsere ganze Gesellschaft sind untrennbar damit verbunden. Alles, was wir tun, trägt zu unserem Bemühen um Rechten Lebenserwerb bei; wir können aber nie zur Gänze damit erfolgreich sein, solange wir uns nicht alle in die richtige Richtung bewegen. Doch jeder von uns kann sich dafür entscheiden, in Richtung Mitgefühl zu gehen, in Richtung Minderung des Leids in der Welt. Wir alle können uns für eine Gesellschaft einsetzen, in der es mehr Verständnis, Liebe und Mitgefühl gibt.

Millionen Menschen verdienen ihr Geld in der Rüstungsindustrie und arbeiten direkt oder indirekt an der Herstellung »konventioneller« oder nuklearer Waffen. Die USA, Russland, Deutschland, Großbritannien, Frankreich und China sind die größten Waffenexporteure. Sogenannte konventionelle Waffen werden an die armen Länder verkauft. Die Menschen dort brauchen aber keine Gewehre, Tanks oder Bomben, sie brauchen Nahrungsmittel. Waffen herzustellen oder zu verkaufen ist ganz sicher kein Rechter Lebenserwerb, doch die Verantwortung für diese Situation tragen wir alle – Politiker, Wirtschaftsfachleute und Konsumenten. Wir alle sind für den Tod und die Zerstörung, die diese Waffen anrichten, mitverantwortlich. Seien Sie dankbar, wenn Sie in einem Bereich arbeiten können, der Ihnen dabei hilft, Ihr Ideal von Mitgefühl zu verwirklichen. Bitte tragen Sie dazu bei, mehr gute Arbeitsstellen für andere zu schaffen, indem Sie achtsam, einfach und gesund leben.

Weil es auf der Erde eine so ausgedehnte Kultur der Ausbeutung und Zerstörung gibt, ist es eine Herausforderung, eine Arbeit zu finden, die man aus vollem Herzen gutheißen, hinter der man ganz stehen und mit der man sich moralisch einverstanden erklären kann. Das braucht Zeit, einen festen Entschluss und eine tiefe Sehnsucht. Verzweifeln Sie nicht, geben Sie nicht auf, wenn Sie noch nicht in einer Position sind, in der Sie Rechten Lebenserwerb völlig praktizieren können. Sie können sich in diese Richtung hinbewegen und die Arbeit, die Sie gegenwärtig noch verrichten, mit Achtsamkeit und Mitgefühl tun.

Welche Stelle Sie gegenwärtig auch immer innehaben,

ob es Ihre wahre Berufung oder ein zeitweiliger Job ist, bis Sie etwas Besseres gefunden haben, Sie werden immer einen Weg finden können, mehr Wohlbefinden für sich und andere an Ihrem Arbeitsplatz zu schaffen.

Ein kollektives Erwachen

Welcher Tätigkeit wir auch nachgehen mögen, ein Teil unserer Arbeit sollte dazu dienen, um unser eigenes Wohlergehen und das unseres Planeten willen an kollektiver Heilung, Transformation und einem kollektiven Erwachen mitzuwirken. Die Einsicht in Intersein kann dabei helfen. Wir brauchen ein kollektives Erwachen und jeder von uns muss mithelfen, dieses kollektive Erwachen zu schaffen. Sind Sie Journalistin, können Sie es als Journalistin tun. Sind Sie Lehrer, tun Sie es als Lehrer. Ohne dieses Erwachen wird sich nichts ändern. Erwachen und Bewusstheit sind die Grundlagen aller Veränderung. Wir alle müssen tief schauen, um zu sehen, was wir heute tun können, um das Leiden in unserem Umfeld zu lindern, um Stress zu mindern und für mehr Freude und Glück zu sorgen. Wir können das alleine tun oder mit einer Gruppe von Menschen, mit unseren Kolleginnen und Kollegen oder unserer Familie. Es gibt so viel Leid in der Welt, doch gleichzeitig gibt es das Potenzial für so viel Freude. Leben Sie Ihr Leben bewusst, tragen Sie zum kollektiven Erwachen bei.

Jedes menschliche Wesen hat die Fähigkeit, zu verstehen und zu lieben. Jeder trägt den Samen großer Liebe in sich. Es gibt eine buddhistische Geschichte über einen Bodhisattva namens Niemals-Herabsetzen. Das Einzige, was er tat, war umherzuziehen und den Leuten zu sagen: »Ich würde nie wagen, Sie zu unterschätzen. Sie haben die Fähigkeit, ein Buddha zu werden, eine Person mit großer Bewusstheit und tiefem Mitgefühl.« Das war seine einzige Botschaft. Er gelobte, jeden aufzusuchen – sei er oder sie reich, arm, gebildet, weniger gebildet –, und er sagte immer das Gleiche.

Manchmal glaubten die Leute, er wolle sich über sie lustig machen. Gelegentlich schlugen ihn Menschen. Doch unbeirrt fuhr er fort: »Ich glaube das wirklich. Ich will Ihnen die Botschaft bringen, dass Sie fähig sind, ein Buddha zu werden. Jeder ist imstande, zu verstehen und zu lieben.«

Doch *ein* Buddha ist nicht genug; wir brauchen andere, selbst wenn es alle nur Teilzeit-Buddhas sind. Leben wir in Bewusstheit, werden wir ganz natürlich und ohne Anstrengung das Leben derer in unserem Umfeld transformieren. Wir können eine Gemeinschaft Praktizierender aufbauen, die uns unterstützen, wenn wir schwere Zeiten durchleben. Die kollektive Energie der Achtsamkeit ist sehr machtvoll. Wenn wir uns mit Menschen umgeben, die sich auch in Achtsamkeit üben, können wir von deren Energie profitieren. Es ist so, als ließen wir das Wasser in einem Fluss vom Meer umfangen.

Am Arbeitsplatz Gemeinschaften bilden

Haben Sie an Ihrem Arbeitsplatz für eine Weile Achtsamkeit praktiziert, können Sie schauen, ob es vielleicht Kollegen oder Kolleginnen gibt, die daran interessiert sind, mit ihnen zusammen achtsam zu atmen, zu sitzen und zu gehen. Wenn Sie von Menschen umgeben sind, die sich zusammen in Achtsamkeit üben, wird die kollektive Energie sie stärken und unterstützen und die Praxis wird sehr einfach, sehr natürlich werden.

Vielleicht finden Sie zunächst an Ihrem Arbeitsplatz niemanden, der mit Ihnen übt, und doch wird Ihre Praxis eine wohltuende Wirkung auf Ihre Umgebung und das gesamte Arbeitsumfeld haben. Je mehr Sie sich in Achtsamkeit üben, desto besser werden Sie erkennen, wie Sie Ihr Arbeitsumfeld positiv verändern können. Jedem von uns ist es möglich, zur kollektiven Achtsamkeitsenergie beizutragen. Andere werden sich durch Ihre Praxis des achtsamen Atmens und achtsamen Gehens unterstützt fühlen. Wenn wir selbst achtsam atmen und achtsam gehen, werden wir für andere zu einer Glocke der Achtsamkeit. Gehen Sie achtsam und genießen Sie dabei jeden Schritt, so ermutigen Sie andere, es Ihnen nachzutun, selbst wenn Ihnen vielleicht gar nicht bewusst ist, dass Sie damit Achtsamkeit praktizieren. Ihr Lächeln unterstützt andere in Ihrem Umfeld und erinnert Sie daran, auch zu lächeln. Ihre Präsenz bei der Praxis ist sehr wichtig.

Sind Sie auf sich gestellt und haben Sie nicht die kollektive Energie einer Gemeinschaft zur Seite, müssen Sie praktizieren, um sich vor den starken Gefühlen, der Gewalttätigkeit und Wut anderer zu schützen. Und Sie müssen praktizieren, um sich selbst vor Missgeschicken, eigener Ungeschicklichkeit und vor Ihrer eigenen Wut zu schützen. Wenn Sie etwas verschütten, wenn Sie stolpern oder sich selbst verletzen, wenn Sie vor Wut explodieren, dann resultiert das aus mangelnder Achtsamkeitspraxis. All das wird nicht geschehen, wenn Sie friedvoll und bei klarem Verstand sind.

Jeder braucht eine Sangha

Wir alle haben bei unserer Arbeit immer wieder mit Problemen und Schwierigkeiten zu tun. Wir alle tragen Schmerz, Kummer und Angst in uns. Doch müssen wir das nicht alleine mit uns abmachen – wir können uns eine Gemeinschaft suchen, um mit ihr zu praktizieren und sie zu bitten, das Schmerzhafte und Leidvolle für uns zu umarmen. Niemand ist stark genug, um das allein zu tun.

Werfen Sie einen Stein in einen Fluss, wird er, egal wie klein er ist, auf den Grund des Flusses sinken. Doch wenn Sie über ein Boot verfügen, können sie damit viele schwere Steine transportieren und die werden nicht sinken. Das gilt auch für unser Leiden: Unsere Sorgen, unsere Ängste, unser Kummer und Schmerz sind wie Steine, die es zu transportieren gilt. Lassen wir uns von der Gemeinschaft und der kollektiven Energie der Achtsamkeit umarmen, werden wir nicht im Ozean des Leidens versinken. Schmerz und Leid werden weniger. Wir können uns auch allein in Achtsamkeit üben, doch es ist sehr viel einfacher und unterstützender, wenn wir dafür eine Gemeinschaft haben. Praktizieren viele Menschen zusammen Achtsamkeit, ist die gemeinschaftliche Energie sehr viel stärker, und dies hilft uns bei der Arbeit der Transformation und Heilung, die wir alle so sehr brauchen. Ohne diese gemeinschaftliche Energie verlieren wir unsere Praxis eher aus den Augen und geben sie vielleicht auch ganz auf. Um das zu verhindern, sollten Sie eine Gruppe gründen oder sich einer bestehenden anschließen, mit der Sie zusammen praktizieren können, und die Energie der Gruppe wird die Praxis aller stärken.

Wissen wir, dass wir uns in die richtige Richtung bewegen, reicht das aus. Das Ziel besteht nicht darin, in allem vollkommen zu sein, sondern auf dem Pfad voranzuschreiten. Sind Sie in einer Situation gefordert, gegen den Geist Rechten Lebenserwerbs zu verstoßen, oder arbeiten Sie an einer entsprechenden Stelle, können Sie das als etwas Vorübergehendes ansehen, bis Sie einen anderen, stressfreieren Job finden, der Ihnen dazu verhilft, ein einfacheres, glücklicheres Leben zu führen, bei dem Sie Mensch und Natur nicht schaden.

In der Zwischenzeit müssen Sie aber nicht untätig sein. Sie können sich täglich in Achtsamkeit üben und Mitgefühl kultivieren. Führen Sie säkulare Achtsamkeitspraktiken an Ihrem Arbeitsplatz ein. Eine gute Stelle zu haben ist wichtig. Doch noch wichtiger ist es, ehrlich zu sein, achtsam zu leben und einen Weg zu kennen, dem Sie folgen wollen. Welche Art Arbeit Sie auch immer tun mögen, Achtsamkeit wird Sie auf einem Weg leiten, der Sie zu Rechtem Lebenserwerb und einem freudvolleren, glücklicheren, mitfühlenderen und verständnisvolleren Leben führt. Arbeiten wir in einer diese Art des Denkens und Handelns stärkenden Weise, wird eine Zukunft möglich sein – für uns selbst, unsere Kinder, deren Kinder und für den gesamten Planeten.

6

Dreißig Möglichkeiten, weniger Stress zu erleben

Beginnen Sie Ihren Tag mit einer zehnminütigen Sitz-meditation.

Vergegenwärtigen Sie sich, wie dankbar Sie sich schätzen können, lebendig zu sein und vierundzwanzig neue Stunden vor sich zu haben.

Nehmen Sie sich die Zeit für ein Frühstück zu Hause. Setzen Sie sich dafür an den Tisch und genießen Sie es.

Notieren Sie am Ende des Tages in einem kleinen Buch alle guten Dinge, die Sie erlebt haben. Gießen Sie die Samen von Freude und Dankbarkeit regelmäßig, so dass diese wachsen und gedeihen können.

Nehmen Sie an Ihrer Arbeitsstelle die Treppen statt den Aufzug und gehen Sie achtsam hinauf und hinunter. Verbinden Sie jeden Schritt mit Ihrem Atem.

Nutzen Sie Wartezeiten an der Bushaltestelle oder am Bahnhof als Gelegenheiten für Sitz- oder langsame Gehmeditation. Folgen Sie Ihrem Atem und genießen Sie es, nichts zu tun zu haben und nirgendwo hingehen zu müssen.

Schalten Sie bei Autofahrten, auf dem Weg zur Arbeit oder in Pausenzeiten Ihr Mobiltelefon ab.

Widerstehen Sie der Versuchung, auf dem Weg zur Arbeit, auf dem Heimweg oder zu Verabredungen Anrufe zu tätigen. Nehmen Sie sich Zeit für sich, die Natur und die Sie umgebende Welt.

Nutzen Sie rote Ampeln oder Verkehrsstaus als Glocken der Achtsamkeit, die Sie dazu einladen, in Ihrem Denken innezuhalten, sich zu entschleunigen und sich im gegenwärtigen Moment auszuruhen.

Werden Sie sich Körperspannungen beim Fahren bewusst, nehmen Sie Anflüge von Ärger, Wut oder Enttäuschung wahr und entspannen Sie sich, indem Sie zu Ihrem Atem zurückkehren. Entspannen Sie Ihre Schultern, Ihr Gesicht und Ihren Kiefer. Verändern Sie Ihren Atem nicht, folgen Sie ihm einfach.

Sorgen Sie an Ihrer Arbeitsstelle für einen Atemraum, an dem Sie zur Ruhe kommen, innehalten und sich etwas erholen können. Gibt es keinen speziellen Raum oder keine Ecke in Ihrem Büro dafür, so stellen Sie auf eine Ecke Ihres Schreibtisches eine Vase mit Blumen und eine kleine Glocke, die Sie immer dann einladen können, wenn Sie sich gestresst fühlen. Schaffen Sie sich regelmäßige Atempausen, um zu Ihrem Körper zurückzukehren und um Ihre Gedanken wieder auf den gegenwärtigen Moment auszurichten.

Laden Sie sich auf Ihrem Computer eine »Achtsamkeitsglocke« herunter und programmieren Sie sie so, dass sie jede Viertelstunde erklingt und Sie daran erinnert, sich eine Atempause zu nehmen und den Körper zu dehnen und zu strecken, um Spannungen aufzulösen. Eine solche Glocke finden Sie unter www.mind-fulnessdc.org/mindfulclock.html.

Statt beim Klingeln des Telefons sofort dranzugehen, atmen Sie zunächst dreimal ein und aus, um sicherzu-stellen, dass Sie wirklich präsent sind für den Anrufer, die Anruferin, wer immer es auch sein mag. Vielleicht legen Sie in dieser Zeit die Hand aufs Telefon, damit Ihre Mitarbeiterinnen und Mitarbeiter wissen, dass Sie das Telefonat entgegennehmen werden, aber nicht in Eile sind.

Lassen Sie es sich zur Gewohnheit werden, jeden Tag fünf oder zehn Minuten Tiefenentspannung zu ma-chen, entweder in einer Ecke Ihres Büros oder an ei-nem ruhigen Platz an Ihrer Arbeitsstelle, wo Sie sich hinlegen können, oder bei schönem Wetter in einem Park. Gehen Sie mit der Aufmerksamkeit durch Ihren ganzen Körper und entspannen Sie alle Muskeln, schi-cken Sie all Ihren Organen Ihre Liebe und danken Sie ihnen dafür, dass sie tagein, tagaus ihre Arbeit tun. Sie brauchen gar nicht viel Zeit, um sich auf diese Weise zu regenerieren, aber Sie werden sich danach viel fri-scher, friedvoller und erholter fühlen, und davon wird Ihre Arbeit profitieren.

Nehmen Sie mittags nur Ihre Mahlzeit zu sich und nicht Ihre Ängste und Sorgen.

Konzentrieren Sie sich beim Abspülen des Geschirrs nach dem Essen oder eines Kaffeebechers nach einer Pause ausschließlich auf den Akt des Abwaschens. Sie können dabei den Vers über das Abwaschen von Geschirr rezitieren oder sich einen eigenen ausdenken. Bringen Sie Ihre Aufmerksamkeit zu dem warmen Spülwasser und genießen Sie die Zeit, in der die Hände im Wasser sind, genießen Sie die Tätigkeit des Abspülens Ihres Tellers oder Kaffeebechers. Bleiben Sie dabei in Schweigen. Konzentrieren Sie all Ihre Aufmerksamkeit auf das, was Sie tun, und gönnen Sie sich diese kurze Pause, in der Sie nicht reden oder etwas anderes tun müssen. Lassen Sie Ihre Familie oder Ihre Kolleginnen und Kollegen wissen, dass Sie in dieser Zeit nicht gestört werden wollen, und laden Sie sie ein, diese Praxis ebenfalls zu genießen. Erfreuen Sie sich einfach am gegenwärtigen Moment und am Akt des Abwaschens um des Abwaschens willen.

Machen Sie aus dem Teetrinken ein Ritual. Hören Sie auf zu arbeiten und schauen Sie tief in Ihren Tee hinein, um zu erkennen, was alles zu diesem Tee beigetragen hat: die Wolken und der Regen, die Teeplantagen und die Teepflückerinnen. Stärken Sie Ihre Dankbarkeit, indem Sie all die Liebe und die schwere Arbeit wertschätzen, die darin eingeflossen sind, dass dieser Tee zu Ihnen gelangen konnte. Genießen Sie diesen Moment der Freude an Ihrem Tee.

Lassen Sie Ihr Auto einmal in der Woche stehen und fahren Sie gemeinsam mit Kolleginnen und Kollegen im Auto oder nutzen Sie öffentliche Verkehrsmittel oder fahren Sie mit dem Fahrrad zur Arbeit. Genießen Sie die Busfahrt, erfreuen Sie sich an dem frischen Wind, der Ihnen beim Fahrradfahren ins Gesicht bläst. Spüren Sie Ihre körperliche Stärke und seien Sie dankbar für einen solch gesunden Körper.

Versuchen Sie Ihre Zeit nicht in »meine Zeit« und »Arbeitszeit« zu unterteilen. Alle Zeit wird Ihre eigene sein, solange Sie im gegenwärtigen Moment verweilen und in Verbindung sind mit dem, was in Ihrem Körper und Geist geschieht. Es gibt keinen Grund, warum Ihre Arbeitszeit weniger angenehm sein sollte als jede andere Zeit.

Verändern Sie Ihr Arbeitsumfeld und schaffen Sie sich eine friedvollere, freudvollere Umgebung. Sorgen Sie gemeinsam mit anderen für Momente und Räume der Ruhe und für ein Gemeinschaftsgefühl bei der Arbeit.

Stellen Sie sich im Vorfeld einer Besprechung vor, dass jemand, der oder die sehr friedvoll, achtsam und geschickt ist, Sie dabei begleitet. Nehmen Sie Zuflucht zu dieser Person – selbst wenn Sie nur ein Phantasiegebilde ist –, um während der Sitzung ruhig und friedvoll zu bleiben.

Kommen während einer Sitzung heftige Gefühle in Ihnen hoch, sollten Sie sich eine kurze Auszeit nehmen, die Toilette aufsuchen und achtsames Gehen praktizieren. Genießen Sie Ihre Zeit dort. Vergegenwärtigen Sie sich, dass diese Zeit genauso wichtig ist wie Ihre Arbeitszeit.

Spüren Sie, dass während der Arbeit Wut oder Ärger in Ihnen hochkommt, so sagen oder tun Sie nichts. Wenden Sie sich Ihrem Atem zu und folgen Sie Ihrem Ein- und Ausatem, bis Sie sich beruhigt haben. Auch Gehmeditation kann in solchen Fällen hilfreich sein. Erkennen Sie Ihre Gefühle an. Sagen Sie: »Hallo, meine Wut, mein Ärger. Ich weiß, dass ihr da seid. Ich werde mich gut um euch kümmern.«

Üben Sie sich darin, Ihren Chef, Ihre Vorgesetzten, Kolleginnen und Kollegen oder Ihre Untergebenen als Ihre Verbündeten und nicht als Ihre Feinde anzusehen. Erkennen Sie, dass gemeinschaftliches Arbeiten zu mehr Zufriedenheit und Freude führt, als allein zu arbeiten. Arbeiten Sie, wann immer möglich, als Team zusammen. Seien Sie sich bewusst, dass der Erfolg und das Glück jedes Einzelnen auch Ihr Erfolg und Ihr Glück sind.

Versuchen Sie, sich zu entspannen und zu erholen, bevor Sie nach Hause gehen, damit Sie nicht angesammelte negative Energie oder Ihren Frust mit heimnehmen. Gehen Sie achtsam von der Bushaltestelle oder dem Parkplatz nach Hause.

Nehmen Sie sich, wenn Sie nach Hause kommen, Zeit zur Entspannung und finden Sie zu sich selbst, bevor Sie sich dem Haushalt zuwenden. Bedenken Sie, dass Multitasking bedeutet, nie für nur eine Sache vollkommen präsent zu sein. Erledigen Sie jeweils nur eine Aufgabe mit Ihrer vollen Aufmerksamkeit. Praktizieren Sie Mono-tasking.

Üben Sie sich darin, nicht gleichzeitig zu arbeiten, zu reden und zu essen. Tun Sie nur jeweils eins, um vollkommen da zu sein für Ihre Mahlzeit, Ihre Kolleginnen und Kollegen und für Ihre Arbeit.

Nehmen Sie Ihr Mittagessen nicht am Schreibtisch zu sich. Wechseln Sie die Umgebung. Machen Sie einen Spaziergang.

Üben Sie sich darin, nach den positiven Dingen bei Ihrer Arbeit und Ihren Kolleginnen und Kollegen Ausschau zu halten. Drücken Sie denen, mit denen Sie arbeiten, regelmäßig Ihre Dankbarkeit und Wertschätzung aus für ihre guten Eigenschaften und ihr gutes Verhalten. Das wird das gesamte Arbeitsumfeld verändern und es zu einem für alle harmonischeren und angenehmeren Ort machen.

Rufen Sie am Arbeitsplatz eine Meditationsgruppe ins Leben und sitzen Sie ein paar Mal in der Woche zusammen oder schließen Sie sich einer bereits bestehenden Gemeinschaft an.

Thich Nhat Hanh Dr. Lilian Cheung

Achtsam essen – achtsam leben

Der buddhistische Weg zum gesunden Gewicht

Wie kann man bewusst leben und ein gesundes Gewicht erlangen? Der berühmte Zen-Meister Thich Nhat Hanh und die Ernährungswissenschaftlerin Dr. Lilian Cheung verbinden zeitlose Prinzipien der buddhistischen Lehre mit modernen wissenschaftlichen Erkenntnissen, um das Thema Ernährung aus einem neuen Blickwinkel zu beleuchten. Sie zeigen, dass durch einen achtsamen und bewussten Lebensstil auch das Essverhalten verändert und damit der Kampf um das Gewicht beendet werden kann. Die hier vorgestellten Achtsamkeitsübungen lassen sich leicht und vollständig in unser tägliches Leben einbeziehen. Mit ihrer Hilfe kann jeder lernen, wie man aus alten Gewohnheiten aussteigt, auf seine natürlichen Bedürfnisse achtet, bewusster genießt und so den Weg heraus aus der üblichen Diätfalle findet.